Burgen und Schlösser im Rhein-Neckar-Dreieck

Alles Wissenswerte über die
126 Burg- und Schloßanlagen
in Nordbaden, Südhessen
und der Vorderen Pfalz

1996

K. F. SCHIMPER-VERLAG

INHALT

Ortschaften	Burgen + Schlösser	Seite
Altleiningen	Burg Altleiningen	7
Amorbach	Burg Wildenberg	8
Angelbachtal	Schloß Eichtersheim	9
	Schloß Michelfeld	9 X
Annweiler/Trifels	Burg Anebos	10
	Burg Neuscharfeneck	10
	Burg Ramberg	11
	Burg Scharfenberg	11
	Burg Trifels	11
Bad Bergzabern	Schloß Bergzabern	13
	Guttenburg	14
	Burg Landeck	14
	Burg Lindelbrunn	15
	Waldschlössel	15
Bad Dürkheim	Hardenburg	16
	Kloster Limburg	17
	Burg Schloßeck	18
Battenberg	Burg Battenberg	19
Bensheim	Schloß Auerbach	19
	Fürstenlager	20
	Schloß Schönberg	21
Biblis	Burg Stein	21
Binau	Burg Dauchstein	22
Birkenau	Schloß Birkenau	23
Buchen	Schloß Bödigheim	24
	Schloß Eberstadt	24
	Götzenturm	25
	Hainstadter Schloß	26
	Steinerner Bau	26
Dallau	Schloß Dallau	27
Deidesheim	Schloß Deidesheim	28
Dörrenbach	Dörrenbacher Kirchberg	28
Dossenheim	Schauenburg	30

INHALT

Ortschaften	Burgen + Schlösser	Seite
Eberbach	Burg Eberbach	31
	Burg Stolzeneck	32
Edenkoben	Frankenburg	33
	Schloß Ludwigshöhe	33
	Burg Meistersel	34
	Rietburg	35
Edingen-Neckarhausen	Schloß Neckarhausen	35
Eschbach	Madenburg	36
Freinsheim	Stadtbefestigung	37
Fußgönheim	Schloß Fußgönheim	38
Germersheim	Festung Germersheim	39
Grünstadt	Leininger Oberhof	39
	Leininger Unterhof	40
	Burg Neuleiningen	41
Hardheim	Hardheimer Burg	42
	Hardheimer Schloß	42
	Burg Schweinberg	43
Haßmersheim	Burg Guttenberg	44
	Schloß Hochhausen	45
Heidelberg	Heidelberger Schloß	45
	Tiefburg Handschuhsheim	47
Hemsbach	Hemsbacher Schloß	47
	Hemsbacher Burg	48
Heppenheim	Heppenheimer Stadtschloß	49
	Kurmainzer Amtshof	49
	Starkenburg	50
Herxheim	Villa Wieser	51
Heßheim	Schloß Kleinniedesheim	52
Hirschberg	Schloß Wieser	52
	Hirschburg	53
Hirschhorn	Schloß Hirschhorn	53
Ilvesheim	Schloß Ilvesheim	54

INHALT

Ortschaften	Burgen + Schlösser	Seite
Ladenburg	Bischofshof	55
Lambrecht	Burg Elmstein	56
	Burg Erfenstein	56
	Burg Neidenfels	57
Lambsheim	Lambsheimer Schloß	57
Lampertheim	Neuschloß	58
	Schloß Rennhof	58
Landau	Festung Landau	59
Langenzell	Schloß Langenzell	60
Leimen	Palais Seligmann	60
Lindenfels	Burg Lindenfels	61
Lohrbach	Schloß	61
Lorsch	Kloster Lorsch	62
Maikammer	Schlößchen St. Martin	63
	Kropsburg	64
Mannheim	Palais Bretzenheim	65
	Mannheimer Schloß	65
	Schloß Seckenheim	67
Mauer	Schloß Sorgenfrei	68
Mosbach	Pfalzgrafenresidenz	68
Mudau-Mörschenhardt	Schloß Waldleiningen	69
Mühlhausen	Schloß Tairnbach	70
Neckarbischofsheim	Alexanderschloß	71
	Altes Schloß	71
	Neues Schloß	72
Neckargemünd	Burg Dilsberg	73
	Burg Reichenstein	74
Neckargerach	Minneburg	74
Neckarsteinach	Hinterburg	75
	Mittelburg	76
	Burg Schadeck »Schwalbennest«	77
	Vorderburg	77

INHALT

Ortschaften	Burgen + Schlösser	Seite
Neckarzimmern	Burg Hornberg	78
Neidenstein	Burg Neidenstein	79
Neustadt	Hambacher Schloß	80
	Burg Spangenberg	81
	Burg Winzingen (Haardter Schloß)	82
	Wolfsburg	82
Obrigheim	Schloß Neuburg	83
Rauenberg	Schloß Rotenberg	84
Ravenstein	Schloß Merchingen	84
Rippberg (Walldürn)	Schloß Rippberg	85
Schriesheim	Strahlenburg	85
Schwarzach	Burg Schwarzach	86
Schwetzingen	Schloß Schwetzingen	87
Sinsheim	Schloß Neuhaus	88
	Burg Steinsberg	89
	Burg Waldangelloch	90
Wachenheim	Wachtenburg	90
Walldürn	Burg Walldürn	91
Weinheim	Schloß Weinheim	92
	Wachenburg	92
	Burg Windeck	93
Wiesloch	Burg Hohenhardt	94
	Schloß Schatthausen	94
	Wieslocher Freihof	95
Worms	Schloß Herrnsheim	95
Zuzenhausen	Schloß Seehälde	96
	Burg Zuzenhausen	97
Zwingenberg/Bergstraße	Burg Zwingenberg	98
Zwingenberg/Neckar	Schloß Zwingenberg	98
Ortschaftsverzeichnis nach Planquadraten, Übersichtsplan		100-105

Schloß Schwetzingen

Hambacher Schloß, Neustadt

Kurmainzer Amtshof, Heppenheim

Schloß Weinheim

Burg Altleiningen

1100 bis 1120 als Stammburg der Grafen von Leiningen-Westerburg unter Graf Emich II. (dem Kreuzfahrer) erbaut. In der Folgezeit wurde die Burg zu einer mächtigen Anlage mit vier Verteidigungstürmen ausgebaut. Nachdem es im 14. Jahrhundert unter den Leiningern zu Erbstreitigkeiten gekommen war, ließ Graf Friedrich eine neue Burg errichten: Neuleiningen. Altleiningen wurde 1525 im Bauernkrieg zerstört; ihr Wiederaufbau (der drei Generationen lang dauerte) erfolgte als dreiflügelige Schloßanlage im Renaissancestil.

Während des Pfälzischen Erfolgekrieges wurde die Anlage durch die französischen Heere ein zweitesmal zerstört, nun aber nicht wieder aufgebaut. Die Residenz der Grafen wurde nach Grünstadt verlegt, die Ruine rund 100 Jahre später (während der französischen Herrschaft) versteigert. Von 1815-1933 kam sie wieder in den Besitz der Grafen von Leiningen-Westerburg. Anschließend gelangte die Anlage an die Landkreisverwaltung und 1968 wurde sie als Jugendherberge und Landschulheim ausgebaut.

Jetzige Verwendung: Jugendherberge, Landschulheim.

Besichtigung: Innenbesichtigung (mit Führung) ist nach Absprache mit dem Jugendherbergsvater möglich. (Jugendburg Altleiningen, 67317 Altleiningen, Tel. (0 63 56) 15 80.

Veranstaltungen: »Burgspiele« (Theateraufführungen im Juli/August). Auskunft: Mozartstr. 1, 67317 Altleiningen, Tel. (0 63 56) 4 62.

Lage: Oberhalb Altleiningens (Burgberg).

Anfahrtswege: BAB 6 (Mannheim-Saarbrücken); Abfahrt Grünstadt in Richtung Kirchheim; in Kirchheim: Richtung Kleinkarlbach bis Altleiningen. Oder: Abfahrt Wattenheim: Richtung Altleiningen. Fahrweg bis zur Burg.

Wanderwege: Der Besuch kann mit vielfältigen Wanderungen verbunden werden.
Von der Verbandsgemeinde können zwei Wandervorschläge (Rundwanderwege, jeweils mehr als 20 km mit leichten und mittleren Steigungen) kostenlos bezogen werden. (»Drei-Burgen-Wanderweg«, »Leininger Wanderweg«). Die Wanderkarte »Bad Dürkheim und Leiningerland« (1:25000) ist im Buchhandel und bei der Verbandsgemeindeverwaltung gegen DM 4,- zzgl. Porto erhältlich.

Auskünfte: Verbandsgemeinde Hettenleidelheim, Hauptstraße 45, 67310 Hettenleidelheim, Tel. (0 63 51) 40 50.

Literatur: Hans Heiberger, Das Schloß zu Altleiningen, Heidelberg. Zu beziehen über den Ortsbürgermeister, Lessingstraße 24, 67317 Altleiningen.

PÄLZISCH VUN HIWWE UN DRIWWE
Gedichde un Gschichde
von Bruno Hain / Rudolf Lehr
Das große Mundartbuch der Kurpfalz und der Vorderen Pfalz

K. F. Schimper-Verlag

Burg Wildenberg

Noch als Ruine ist die Burg ein eindrucksvolles Zeugnis für die künstlerischen Interessen der Edelherren von Durne. Es gibt ausgedehntere Burganlagen von regelmäßigerer Gestalt und mit architektonisch bedeutenderen Details, beherrschenderer Lage im Landschaftsbild und größerem landesgeschichtlichen oder literaturgeschichtlichem Rang. Man muß aber lange suchen, bis man all dies auf so hohem Niveau wie hier vereint findet. Um 1200 dürfte mit der zügigen Errichtung der Anlage auf einem Bergsporn im Mudtal begonnen worden sein.

Im rechteckigen Bering schützt der Bergfried übereckgestellt die Schildmauer und die ihr benachbarten eigentlichen Wohnräume. Die in ihrer Flucht versetzte Südmauer legte den Torbau mit Kapelle im Obergeschoß an einer für die Verteidigung günstigen Stelle fest. Talwärts entstand der repräsentative Palas, die Breite des Burggrundrisses einnehmend. Er enthielt im Erdgeschoß über ursprünglich flachgedecktem Keller einen heizbaren Saal für die Wintermonate mit - auch aus Verteidigungsgründen - kleinen, verschließbaren Fenstern und darüber den in reicher Arkadenfolge geschmückten, dem Licht geöffneten Festsaal für die Sommerzeit, den die Zeitgenosen Solarium oder Söller nannten. Der Bauschmuck von hervorragender Qualität und der gewaltige Kamin machen den besonderen Ruhm der Anlage aus. Es wurde die These aufgestellt, daß Wolfram von Eschenbach Teile seines Parzival auf Burg Wildenberg geschaffen habe. Bei der Beschreibung der wundersamen Gralsburg sagt der Dichter: So große Feuer sah nie jemand hier zu Wildenberg.

Nach Verkauf des Durner Besitzes an das Erzstift Mainz wurde die Dynastenburg zum Amtssitz der Mainzer Burggrafen, den Vorgängern der späteren Oberamtmänner. Im 15. Jh. erfuhr sie Modernisierungen. Der Hof wurde durch eine Sperrmauer mit seitlichen Türmchen, den sog. Pfefferbüchsen, unterteilt und im Palas richtete man durch Trennmauern wohnlichere Räume ein. Man baute damals die talseitige Hälfte zu einer Burg in der Burg aus. Am 4. Mai 1525 brannte ein Bauernhaufe die Burg nieder, während Götz von Berlichingen in Miltenberg mit dem Grafen von Wertheim verhandelte.

Nach anfänglichen Versuchen zur Wiederherstellung gab man um 1560 die Burg endgültig auf und überließ die Ruinen für Jahrhunderte den Bauern der Umgebung zur Entnahme von Baumaterialien. Im frühen 19. Jahrhundert verbrachte Graf Franz II. von Erbach aus antiquarischem Liebhaberinteresse mit Erlaubnis des neuen Eigentümers Zierstücke und Inschriftsteine nach der künstlichen Ruine Eberhardsburg in Eulbach. Um die Wende des 20. Jh. war die Ruine Wildenberg, obwohl man längst in Erkenntnis ihres hohen Denkmalwertes ihre Erhaltung betrieb, in denkbar schlechtem Zustand. Die Verknüpfung der Burg mit der Parzival-Dichtung gab schließlich den Auftrieb für durchgreifende Restaurierungsmaßnahmen in den 30er Jahren, in deren Verlauf auch die Eulbacher Werkstücke zurückgegeben wurden. 1959/60 und 1973/74 wurden neuerlich erhebliche Mittel für die Konservierung der Ruine aufgewendet.

Besichtigung: Besteigen des Bergfrieds bei günstiger Witterung an Sonn- und Feiertagen, bei größeren Gruppen nach Voranmeldung unter Telefon (0 93 73) 30 63.

Lage: Von Amorbach Richtung Eberbach am Neckar auf der Siegfriedstraße.

Wanderwege: Bequeme Wege aus allen Richtungen.

Auskunft: Fürstlich Leiningsche Verwaltung, 63916 Amorbach, Postfach 1180, Telefon (0 93 73) 9 71 50.

Schloß-Favorite

Literatur: Walter Hotz »Burg Wildenberg im Odenwald«, Amorbach 1963. Friedrich Oswald, »Abteikirche Amorbach und Burg Wildenberg«.

Schloß Eichtersheim

In der 2. Hälfte des 16. Jahrhunderts von den Baronen von Venningen erbaut. Die Renaissanceanlage wurde in einem offenen Viereck angelegt, mit einem Graben umgeben und mit 2 Rundtürmen zur Verteidigung versehen. Im 17. und 18. Jahrhundert wurde das Schloß teilweise umgebaut, im Inneren hierdurch eine barocke Dominanz geschaffen. 1963 kaufte die Gemeinde das Schloßgebäude und den großen Schloßpark, von 1978-1980 wurde es restauriert.

Jetzige Verwendung: Rathaus, Polizeirevier, Restaurant. Restaurant geöffnet: 12-14 Uhr und ab 18 Uhr.

Besichtigung: Innenbesichtigung ist nach telefonischer Anmeldung möglich, mit Führung. Anmeldung im Bürgermeisteramt.

Veranstaltungen: Ausstellungen.

Lage: Ortskern des Angelbachtaler Stadtteils Eichtersheim, Schloßstraße 1.

Anfahrtswege: BAB 6 Mannheim-Stuttgart, Abfahrt Sinsheim oder Wiesloch / Rauenberg.

Bundesstraße 39 Richtung Rauenberg / Mühlhausen. Oder: B 292. Beide Bundesstraßen führen ins Ortszentrum.

Auskünfte: Bürgermeisteramt Angelbachtal, Schloßstraße 1, 74918 Angelbachtal, Telefon (0 72 65) 9 12 00.

Schloß Michelfeld

+ hervorragendes Restaurant (mit Hotel)

Das Schloß wurde 1753 durch die Familie von Gemmingen-Hornberg erbaut. Wahrscheinlich bestand früher eine Wasserburg, die vermutlich im Dreißigjährigen Krieg zerstört wurde.

Jetzige Verwendung: Private Nutzung.

Besichtigung: Nur Außenbesichtigung möglich.

Lage: Angelbachtal-Michelfeld, Friedrichstraße 2.

Anfahrtsweg: BAB 6 Mannheim-Stuttgart, Abfahrt Sinsheim oder Wiesloch / Rauenberg. B 39 Richtung Rauenberg / Mühlhausen oder B 292. Ab Zentrum Eichtersheim: Schloßstraße-Friedrichstraße.

Auskünfte: Bürgermeisteramt Angelbachtal, Schloßstraße 1, 74918 Angelbachtal, Telefon (0 72 65) 9 12 00.

(in der Nähe von Baden-Baden) ist ein Kleinod unter den barocken Schloßbauten am Oberrhein. Es wurde im 18. Jahrhundert für die Markgräfin Sibylla Augusta als Sommerresidenz erbaut. Sehenswert ist die prunkvolle Ausstattung (Keramik, Porzellan, Fayence-Kunst).

Burg Neuscharfeneck

Neuscharfeneck wurde Anfang des 13. Jahrhunderts als Vorwerk der Burg Altscharfeneck von Johann I. von Scharfeneck erbaut. Nach dem Aussterben der Linie gelangte sie (und Altscharfeneck) 1416 an Kurpfalz. Kurfürst Friedrich I. ließ sie zwischen 1450 und 1469 stark ausbauen. 1477 gelangte die Anlage als Lehen an Ludwig von Löwenstein, der sie (nach einer Brandschatzung im Bauernkrieg) um 1530 neu aufbauen und erweitern ließ. Während des Dreißigjährigen Krieges brannte Neuscharfeneck 1633 nochmals aus und wurde endgültig zerstört.
Ein Wiederaufbau erfolgte nicht. Heute ist die Ruine im Besitz der Gemeinde Flemingen.

Jetzige Verwendung: Beliebtes Ausflugsziel, nicht bewirtschaftet.

Besichtigung: Jederzeit möglich.

Lage: Zwischen Dernbach und Ramberg.

Anfahrtswege: Deutsche Weinstraße bis Weyher i. d. Pfalz oder Burrweiler. Von dort ins Modenbachtal bis Parkplatz. »Drei Buchen« oder weiter Richtung Bamberg, Dernbach, dort parken.
Aus Süden: Deutsche Weinstraße bis Hainbachtal zwischen Frankweiler und Gleisweiler. Dort Richtung Dernbach. Die Ruine selbst ist nur zu Fuß erreichbar.

Wanderwege: Vielfältige Wandermöglichkeiten. Die topographischen Karten, mit Wanderwegen »Neustadt, Maikammer, Edenkoben, Landau« oder »Annweiler am Trifels«, Hrsg.: Landesvermessungsamt Rhld.-Pf., 1:25 000, können gegen Kostenerstattung zzgl. Porto vom Büro für Tourismus in Annweiler bezogen werden.

Auskünfte: Büro für Tourismus, Rathaus, 76855 Annweiler am Trifels, Telefon (06346) 2200.

Literatur: »Die Burgruinen des Ramberger Tales. Ramburg, Meistersel, Neuscharfeneck«, Tübingen 1977, 2. überarb. Auflage. Die Broschüre kann vom Männergesangverein Ramberg, Postfach, 76857 Ramberg, bezogen werden.

Innenansicht

Burg Anebos

Rudolf Lehr

KURPFÄLZER ANEKDOTEN

Vermutlich Ende des 12. Jahrhunderts erbaut, bereits 1264 aufgegeben. Nur noch wenige Mauerreste vorhanden.

Besichtigung: Jederzeit möglich.

Lage: Gegenüber dem Trifels.

Anfahrtswege: Siehe Trifels.

Wanderwege: Siehe Trifels - von den Schloßäckern des Trifels - Parkplatz/Restaurant - zu erwandern.

Auskünfte: Büro für Tourismus, Rathaus, 76855 Annweiler am Trifels, Telefon (06346) 2200.

Burg Ramberg

Um 1160 als Reichsburg unter Kaiser Friedrich I. »Barbarossa« gegründet. Die Stammburg der Ritter vom Ramberg war im Mittelalter wegen ihrer starken Befestigung und ihrer Lage uneinnehmbar. Erst im Bauernkrieg von 1525 wurde sie von den Aufständischen eingenommen und zerstört. 1540 ging die Ruine in den Besitz der Grafen von Löwenstein-Scharfeneck über, wurde restauriert und diente einem Zweig dieser Linie als Wohnsitz. Im Dreißigjährigen Krieg erfolgte ihre endgültige Zerstörung, 1634. Die Anlage wurde nicht wieder aufgebaut - sie diente in der Folgezeit als Steinbruch. Heute ist sie im Besitz der Gemeinde Ramberg. Seit 1971 erfolgen Erhaltungs- und Renovierungsarbeiten.

Jetzige Verwendung: Beliebtes Ausflugsziel. Am Fuß der Burg befindet sich die »Ramburgschenke«, die an Wochenenden und Feiertagen geöffnet ist.

Besichtigung: Jederzeit möglich.

Anfahrtswege: Nach Dernbach oder Ramberg, z.B. von Landau aus über Siebeldingen bis zur Abzweigung in Albersweiler; die Ruine ist nur zu Fuß erreichbar.

Wanderwege: Sehr gute Wandermöglichkeiten. Die Wanderkarte 1:25000 »Annweiler am Trifels«, Hrsg.: Landesvermessungsamt Rhld.-Pf., bietet vielfältige Wandervorschläge. Zu beziehen ist sie beim Büro für Tourismus, Rathaus, 76855 Annweiler am Trifels, Telefon (06346) 2200 oder 30154. Kostenerstattung zzgl. Porto.

Auskünfte: Büro für Tourismus, Annweiler.

Literatur: »Die Burgruinen des Ramberger Tales. Ramburg, Meistersel, Neuscharfeneck«, Tübingen 1977, 2. überarb. Auflage. Die Broschüre kann bezogen werden vom Männergesangverein Ramberg, Postfach, 76857 Ramberg.

Burg Scharfenberg

Fünfte erweiterte Auflage mit 25 neuen Illustrationen von Heinz Friedrich

K. F. Schimper

Als Teil eines Reichsburgensystems wurde Burg Scharfenberg im 11. Jahrhundert neben Trifels erbaut. Im 13. Jahrhundert beherbergte die Burg die Münze der Stadt Annweiler, daher wurde diese Nebenburg des Trifels häufig »Münz« genannt. Während des Bauernkrieges 1525 wurde die Anlage zerstört und verfiel in der Folgezeit. Erhalten ist u. a. der 20 m hohe Bergfried.

Jetzige Verwendung: Ausflugsziel

Besichtigung: Jederzeit möglich.

Lage: Bei Annweiler.

Anfahrtswege: Nach Annweiler über Deutsche Weinstraße / B 10 oder über B 38 / B 272 / B 10. Über die Trifelsstraße erreicht man den Parkplatz am Fuß des Scharfenbergs.

Wanderwege: Die topographische Karte mit Wanderwegen; 1:25 000, »Annweiler am Trifels«, Hrsg.: Landesvermessungsamt Rhld.-Pf., kann gegen Kostenerstattung zzgl. Porto vom Büro für Tourismus Annweiler bezogen werden.

Auskünfte: Büro für Tourismus, Rathaus, 76855 Annweiler am Trifels, Telefon (0 63 46) 22 00.

Burg Trifels

Weithin die Landschaft beherrschend, erhebt sich der Trifels, ehemals die vornehmste Königsfeste der Stauferzeit, auf dem nördlichsten der drei bewaldeten Bergkegel des Pfälzer Waldes südöstlich Annweiler. Zusammen mit Anebos und Scharfenberg auf den beiden Nachbarbergen bildet er jene einzigartige Burgendreiheit, von der wahrscheinlich auch der Name Trifels sich herleitet.

Auf bereits von den Kelten und Römern besiedeltem Gebiet und auf den Überresten einer Holzburg aus dem 10. Jahrhundert entstand in der Mitte des 11. Jahrhunderts die Feste Trifels. Urkundlich erwähnt wurde sie erstmals 1081. Als Besitzer wurde Diemar von Trifels genannt, der die Burg vor seinem Eintritt in das Kloster Hirsau dem König übergab. Die besondere Bedeutung der Reichsfeste Trifels ergab sich nicht nur aus der eigenen fortifikatorischen Funktion und als Teil eines Reichsburgensystems, das jahrhundertelang eine besondere Rolle im Pfälzischen spielte. Wesentlich waren auch die rückwärtigen Verbindungen, die von hier zur Kaiserpfalz Barbarossas (Kaisers-)Lautern, nach Lothringen und in das Elsaß führten. Herausgehoben wird die Rolle von Burg Trifels auch als Aufbewahrungsort der Reichs-Kleinodien, mit Unterbrechungen von 1125 bis 1298 - und als Gefängnis hochrangiger Gegner der Kaiser. Der bekannteste Gefangene, der englische König Richard Löwenherz, wurde von Kaiser Heinrich VI. erst nach Zahlung eines hohen Lösegeldes aus der einjährigen Haft entlassen (1194). Mit diesen Geldern konnte Heinrich VI. seinen Italien-Feldzug (1194) finanzieren, um die Erbansprüche seiner Frau auf Apulien und Sizilien, also auf das Normannenreich, durchzusetzen. Der eroberte Normannenschatz wurde auf den Trifels gebracht, ein Teil für den Krönungsornat der deutschen Kaiser bestimmt.

Mit dem Niedergang des Kaiserreichs verlor auch der Trifels seine Bedeutung. 1330 wurde der Trifels an die Pfalzgrafen verpfändet; bei der Teilung der Pfalz 80 Jahre später wurde die Burg der neuen Linie Pfalz-Zweibrücken zugeschlagen, bei der sie bis zur französischen Revolution verblieb. Nachdem im Zuge von Streitigkeiten zwischen dem Herzog von Pfalz-Zweibrücken und der Stadt Annweiler zu Beginn des 16. Jahrhunderts die Bürger offenbar den

Tourist-Information **Ludwigshafen am Rhein**
Tel.: 0621 • 51 20 35
FAX: 0621 • 62 42 95

Trifels gestürmt und seine Befestigungsanlagen geschleift hatten, wurde er 1568 mit neuen starken Befestigungen versehen und diente in der Folgezeit als Archivort. 1602 durch Brand (Blitzschlag) stark zerstört; nicht wieder aufgebaut und im 17. sowie 18. Jahrhundert als Steinbruch benutzt. Ab Mitte des 19., vor allem aber in diesem Jahrhundert, erfolgte der Wiederaufbau der Kernanlage. Kopien der Reichsinsignien sind zu besichtigen.

Jetzige Verwendung: Ausflugsziel, Konzertveranstaltungen.

Besichtigung: Täglich 9-13 und 14-17 Uhr, außer montags; falls der Montag ein Feiertag ist, dienstags geschlossen; im Dezember geschlossen. Gruppenführungen nach Vereinbarung. Auskünfte: Verkehrsverein Annweiler am Trifels e.V., Rathaus, 76855 Annweiler am Trifels, Telefon (06346) 22 00 oder 3 01 54.

Veranstaltungen: In den Sommermonaten Serenadenkonzerte. Auskünfte / Kartenbestellungen: Verkehrsverein Annweiler e.V.

Anfahrtswege: Vom Westteil der Stadt Annweiler führt eine gut ausgebaute Straße zum Parkplatz Schloßäcker, von dort ca. 20 Min. Fußweg.

Wanderwege: Ein Besuch des Trifels kann mit einer Reihe von Wanderungen und Spaziergängen verbunden werden.
Die Wanderkarte, 1:25 000, »Annweiler am Trifels«, Hrsg.: Landesvermessungsamt Rhld.-Pf., bietet vielfältige Wandervorschläge. Zu beziehen ist sie beim Büro für Tourismus, Rathaus, 76855 Annweiler am Trifels, Telefon (06346) 22 00 oder 3 01 54, Kostenerstattung zzgl. Porto.

Auskünfte: Büro für Tourismus, Rathaus, 76855 Annweiler am Trifels, Telefon (0 63 46) 22 00.

Literatur: Fr. Sprater / G. Stein: Der Trifels (Speyer 1986). Das Führungsheft, knapp 100 Seiten, kann vom Verkehrsverein Annweiler e.V. bezogen werden.

Schloß Bergzabern

Aus einer Wasserburg des 12. Jahrhunderts hervorgegangen. Ab 1527 ließen die Pfalzgrafen von Zweibrücken unter Einbeziehung von Teilen der Wasserburg ein großes Renaissance-Schloß erbauen. Knapp einhundert Jahre nach seiner Fertigstellung wurden Schloß und Stadt von den Truppen Ludwigs XIV. von Frankreich erobert und das Schloß zum Teil niedergebrannt (1676). 1725 ließ es der Herzog von Zweibrücken wieder aufbauen. Nach der französischen Revolution zum Nationaleigentum erklärt, wurde das Schloß sukzessive von der Stadt erworben, die die Gebäude ab Ende des vergangenen Jahrhunderts als Schulhäuser verwendete. Starke Beschädigungen im 2. Weltkrieg machten Anfang der 50er Jahre umfangreiche Restaurierungsarbeiten erforderlich. 1978 erfolgte eine weitere Renovierung.

Jetzige Verwendung: Seit 1980 Sitz der Verbandsgemeindeverwaltung.

Besichtigung: Nur Außenbesichtigung möglich.

Anfahrtswege: B 38, Deutsche Weinstraße oder B 427 (von Kandel) nach Bad Bergzabern. Das Schloß liegt im Stadtzentrum.

Auskünfte: Kurverwaltung Bad Bergzabern, Thermalbad, 76887 Bad Bergzabern, Telefon (06343) 9 34 00. (Auch für Stadtführungen zuständig).

Jährlich neu:
FESTE MÄRKTE im RHEIN-NECKAR-RAUM
Alles über rund 700 Feste, Kerwen, Märkte, Messen in Nordbaden, Südhessen und Rheinland-Pfalz. Nur DM 15,-.
K. F. Schimper-Verlag · 68723 Schwetzingen

Guttenburg

Zu Beginn des 12. Jahrhunderts erbaut, 1246 als Reichsfeste urkundlich erwähnt. In der zweiten Hälfte des 13. Jahrhunderts erscheinen die Leininger als Inhaber des Reichslehens; ab 1130 verpfändete das Reich die Anlage an Kurpfalz. Kurpfalz wiederum verpfändete die Hälfte der Burg an die Leininger. Bei der Teilung der Kurpfalz 1410 ging der Anteil an Pfalz-Zweibrücken über. Nach dem Kauf des Leininger Anteils gelangte die Burg kurze Zeit in den gemeinschaftlichen Besitz der Kurpfälzer und Zweibrücker, 1470 wurde sie durch Kurfürst Friedrich den Siegreichen eingenommen. 1525 eroberten die aufständischen Bauern die Anlage und zerstörten sie. Ein Wiederaufbau erfolgte nicht, in den nächsten Jahrhunderten wurde die Ruine als Steinbruch benutzt. Erst ab Ende des 19. Jahrhunderts wurden Sanierungsarbeiten vorgenommen, um den weiteren Verfall zu verhindern.

Jetzige Verwendung: Beliebtes Ausflugsziel (keine Bewirtschaftung).

Besichtigung: Jederzeit möglich.

Lage: 9 km südwestlich von Bad Bergzabern, in der Gemarkung Oberotterbach.

Anfahrtswege: Von Bad Bergzabern Richtung Dörrenbach bis zum Parkplatz »Drei Eichen«. Ab da zu Fuß.

Oder: Von Bad Bergzabern nach Oberotterbach (Deutsche Weinstraße), von dort zum Parkplatz »Drei Eichen«. Ab da zu Fuß.

Wanderwege: Die »Wanderkarte Bad Berzabern und Umgebung« ist im Buchhandel erhältlich.

Auskünfte: Kurverwaltung Bad Bergzabern, Thermalbad, 76887 Bad Bergzabern, Telefon (0 63 43) 9 34 00.

Burg Landeck

Die Hauptteile der Burg entstanden um 1200 als Verteidigungs- und Verwaltungssitz der Benediktinerabtei Klingenmünster. Urkundlich erstmals 1237 als gemeinsamer Besitz der Grafengeschlechter Leiningen und Zweibrücken erwähnt. Im 13. und 14. Jahrhundert wurde die Anlage ausgebaut; als gemeinsame Besitzer erscheinen in dieser Zeit das Geschlecht von Ochsenstein, die Grafen von Zweibrücken und (ab 1405) der Bischof von Speyer. Ende des 15. Jahrhunderts starb die Linie der Ochsensteiner aus, ein Teil der Burg gelangte an den Kurfürsten von der Pfalz. Ende des 16. Jahrhunderts erwarb die Kurpfalz den Anteil der Zweibrücker und besaß nunmehr drei Viertel, das Hochstift Speyer ein Viertel der Burg. Im Dreißigjährigen Krieg blieb die Burg unversehrt. Im Verlauf des Pfälzischen Erbfolgekrieges jedoch wurde sie

Schloß Bruchsal

1689 von den französischen Truppen zerstört. 1881 wurde zur Erhaltung der Ruine der Landeckverein gegründet, mit dessen Hilfe die Burg erhalten und in den 60er Jahren dieses Jahrhunderts restauriert wurde.

Jetzige Verwendung: Beliebtes Ausflugsziel (Burggaststätte).

Lage: Bei Klingenmünster.

Anfahrtsweg: »Deutsche Weinstraße« bis Klingenmünster. Vom nördlichen Dorfausgang geht ein Fahrweg bis zum Burgeingang (dort Parkplätze).

Wanderwege: Ein Besuch der Landeck kann mit zahlreichen Wanderungen verbunden werden, so auch mit einer Besichtigung der um 1168 zerstörten Vorgängerburg (dem »Waldschlössel«. Die »Wanderkarte Bad Bergzabern und Umgebung« ist im Buchhandel erhältlich.

Auskünfte: Kurverwaltung Bad Bergzabern, Thermalbad, 76887 Bad Bergzabern, Telefon (06343) 9 34 00.

Burg Lindelbrunn

Die Burg entstand in der 2. Hälfte des 12. Jahrhunderts unter den Staufern als Reichsburg. 1525 wurde sie von den aufständischen Bauern eingenommen und zerstört. Kein Wiederaufbau. In den 70er Jahren dieses Jahrhunderts erfolgten Restaurierungs- und Sicherungsarbeiten.

Kaminsims im Palas

Jetzige Verwendung: Beliebtes Ausflugsziel (am Fuß des Burgberges befindet sich eine Gaststätte).

Besichtigung: Jederzeit möglich.

Lage: 3 km nördlich von Vorderweidenthal.

Anfahrtswege: Bis Bad Bergzabern, dort auf die B 427, über Birkenhördt bis zur Abzweigung nach Vorderweidenthal. Von Vorderweidenthal führt ein Fahrweg nach Lindelbrunn, Parkmöglichkeit am Fuß des Burgberges.

Wanderwege: Die »Wanderkarte Bad Bergzabern« ist im Buchhandel erhältlich.

Auskünfte: Kurverwaltung Bad Bergzabern, Thermalbad, 76887 Bad Bergzabern, Telefon 06343 / 93400.

Waldschlössel

Die Residenz des Fürstbischofs Damian Hugo von Schönborn wurde im 18. Jahrhundert als dreiflüglige Anlage erbaut. Das einzigartige zentrale Treppenhaus stammt von Balthasar Neumann.

Die Burganlage wurde 1899 - 1903 ausgegraben, schriftliche Erwähnungen sind erst aus dem 16. Jahrhundert bekannt. Die Vorburg (wahrscheinlich Ende des 9. Jahrhunderts entstanden) war wohl eine Fliehburg des Klosters Klingenmünster, dessen Schutzherren die Salier im 10. Jahrhundert waren. In die erste Hälfte des 10. Jahrhunderts fällt die Bauzeit der Hauptburg mit einem (auf einem künstlich aufgeschütteten Erdhügel gebauten) Wohnturm für die salischen Vögte. Im 12. Jahrhundert wurden die Saarbrücker Grafen Schutzvögte des Klosters - wahrscheinlich gelangte auch die namenlose Burg in ihren Besitz. Die Zerstörung der Anlage geht wohl auf einen Streit zwischen Graf Simon I. von Saarbrücken und Kaiser Friedrich I. (Barbarossa) zurück. 1168 befahl Barbarossa, Saarbrücken sowie 3 weitere Burgen des Grafen zu zerstören. Das »Waldschlössel« wurde nicht mehr aufgebaut, ihre Aufgaben übernahm die etwas tiefer gelegene Landeck. Das »Waldschlössel« gehört zu den baugeschichtlich wichtigsten Anlagen aus der Salierzeit, da sie den ursprünglichen Zustand der salischen Turmburgen dokumentiert.

Jetzige Verwendung: Beliebtes Ausflugsziel.

Besichtigung: Jederzeit möglich.

Lage: Bei Klingenmünster.

Anfahrtswege: Deutsche Weinstraße bis Klingenmünster. Vom nördlichen Dortausgang geht ein Fahrweg bis zur Burg Landeck (Parkplätze). Dann zu Fuß. Der Weg führt zum Teil sehr stark bergan und ist mit einem grünen Dreieck auf weißem Untergrund gekennzeichnet. Die Laufzeit beträgt etwa 30 Minuten.

Wanderwege: Die »Wanderkarte Bad Bergzabern und Umgebung« ist im Buchhandel erhältlich.

Auskünfte: Kurverwaltung Bad Bergzabern, Thermalbad, 76887 Bad Bergzabern, Telefon (06343) 9 34 00.

Hardenburg

Die Burg wurde 1205 durch Graf Friedrich II. von Saarbrücken-Leiningen gegründet. Die Hardenburg wurde zum Mittelpunkt der Herrschaft der Linie Leiningen-Dagsburg-Hardenburg und verblieb über Jahrhunderte in deren Besitz. Im 16. Jahrhundert wurde sie kontinuierlich ausgebaut und weiter befestigt. Nachdem die Anlage den Dreißigjährigen Krieg relativ gut überstanden hatte, wurde sie im Pfälzischen Erbfolgekrieg von französischen Truppen besetzt und durch Sprengungen stark beschädigt. Die Leininger bezogen die schwerbeschädigte Hardenburg für kurze Zeit noch einmal, verlegten aber 1725 ihren Hof endgültig nach Dürkheim. 1774 brannten französische Chasseurs die Burg nieder. Die Ruine gelangte 1820 in bayerischen Staatsbesitz, nach dem 2. Weltkrieg in den des Landes Rheinland-Pfalz. 1952 und 1970 erfolgten Restaurierungsarbeiten.

Jetzige Verwendung: Beliebtes Ausflugsziel. Bewirtschaftet. Die »Lindenklause« (Kioskausschank mit Sitzplätzen im Freien) befindet sich unmittelbar bei der Burg (Montag Ruhetag). Ganzjährig geöffnet. Telefon 06322/64975. Unterhalb der Burg befindet sich das Hotel-Restaurant »Waldschlössel«, Telefon 06322/3915.

Besichtigung: April - September: 9-13, 14-18 Uhr. Oktober-März: 9-13, 14-17 Uhr (Dezember geschlossen). Eintrittsgebüh-

Parks und Gärten im Rhein-Neckar-Dreieck

Kloster Limburg

Führungen: Nach Voranmeldung möglich. Voranmeldung und Auskünfte: Verkehrsamt Bad Dürkheim. Das Verkehrsamt bietet auch Stadtrundfahrten mit anschließender Hardenburg-Führung an.

Lage: 4 km westlich vom Stadtzentrum Bad Dürkheim.

Anfahrtsweg: Bis Stadtmitte Bad Dürkheim, dort auf die B 37 (Richtung Kaiserslautern). Am Westende des Stadtteils Hardenburg befindet sich ein Parkplatz. Die Auffahrt (ca. 300 m) zum Vorhof der Burg ist möglich.

Wanderwege: Ein Besuch der Hardenburg kann mit reizvollen Wanderungen verbunden werden. Die Wanderkarte »Bad Dürkheim und Leininger Land« (1:25 000; Landesvermessungsamt Rhld.-Pf.) kann beim Städt. Verkehrsamt Bad Dürkheim bezogen werden.
Wandervorschläge befinden sich auch in der Broschüre »Bad Dürkheim und seine Umgebung«

Auskünfte: Städt. Verkehrsamt Bad Dürkheim, Mannheimer Straße 24, 67098 Bad Dürkheim, Telefon (06322) 935156.

Literatur: »Bad Dürkheim und seine Umgebung«, bearb. von W. Dautermann und K. Heinz, Hrsg.: Stadtverwaltung Bad Dürkheim, Bad Dürkheim, 1984 (120 Seiten mit kleinem Stadtplan). Zu beziehen beim Verkehrsamt Bad Dürkheim.

Innenansicht

In den Bauten einer salischen Burg wurde 1025 mit dem Bau eines Klosters begonnen. 1035 wurden die Altäre der Krypta in Anwesenheit von Kaiser Konrad II. geweiht. Die Benediktiner behielten den Namen der Salierburg - Limburg - für ihr Kloster bei. 1034-1065 wurden hier die Reichsinsignien aufbewahrt. 1047 brachte Kaiser Heinrich III. aus Italien ein Stück des Kreuzes als Reliquie für die Limburg mit, daher der Name »Stift zum heiligen Kreuz«. 1206 setzte König Philipp von Schwaben die Grafen von Leiningen als Schutzvögte der Limburg ein. In der Fehde der Leininger mit den Städten Mainz, Worms und Speyer wurde die Abtei 1367 erstmals stark beschädigt. 1470/71 eroberte Kurfürst Friedrich der Siegreiche Dürkheim und die Limburg. Die Vogtei über das Kloster fiel an Kurpfalz. Im Bayerischen Erbfolgekrieg schloß sich Emich VIII. von Leiningen den Feinden des Kurfürsten von der Pfalz an und ließ - als die Kurpfälzischen Truppen zur Verteidigung Heidelbergs von der Limburg abgezogen worden waren - das Kloster 1504 niederbrennen. Versuche, die Limburg wieder aufzubauen, scheiterten Mitte des 16. Jahrhunderts an Geldmangel. Im Zuge der Reformation in der Kurpfalz wurde 1574 Kloster Limburg säkularisiert. Gut 200 Jahre später wurde die Anlage als Steinbruch benutzt. Mitte des 19. Jahrhunderts kaufte die Stadt das Gelände mit der Ruine, ab 1925 erfolgten Sicherungs- und

---

Ein Führer
durch die 170 schönsten Garten- und Parkanlagen
links und rechts des Rheins.
Ca. 300 Seiten, über 300 Farbfotos.

K. F. Schimper

Bad Dürkheim

Restaurierungsarbeiten (insbesondere zwischen 1973 und 1982). Der Dom gehört auch heute noch zu den bedeutsamsten frühromanischen Bauwerken nördlich der Alpen.

Jetzige Verwendung: Denkmalzone, beliebtes Ausflugsziel. Bewirtschaftet: »Klosterschenke« (täglich ab 10 Uhr geöffnet, montags ab 12 Uhr; mittwochs Ruhetag.)

Besichtigung: Möglich ab 7.30 Uhr bis Einbruch der Dunkelheit. Eine kostenlose Limburg-Führung findet von März bis Oktober jeden Donnerstag um 15 Uhr statt. Führungen zu anderen Zeiten können (gegen Entgelt) vereinbart werden. Außerdem bietet das Städt. Verkehrsamt Führungen mit Stadtrundfahrten bzw. Wanderungen an. Auskünfte: Städt. Verkehrsamt Bad Dürkheim.

Veranstaltungen: Freilichtaufführungen (Theater, Musikveranstaltungen). Auskünfte: Städt Verkehrsamt.

Lage: Im Bad Dürkheimer Stadtteil Grethen (Luitpoldweg).

Anfahrtswege: BAB 650 (Ludwigshafen-Bad Dürkheim), B 37 oder B 271 nach Bad Dürkheim. Der Ortsteil Grethen liegt an der B 37 (Richtung Kaiserslautern).

Wanderwege: Die Wanderkarte »Bad Dürkheim und Leininger Land« (1:25 000; Landesvermessungsamt Rhld.-Pf.) ist beim Städt. Verkehrsamt Bad Dürkheim erhältlich.

Auskünfte: Städt. Verkehrsamt Bad Dürkheim, Mannheimer Straße 24, 67098 Bad Dürkheim, Telefon (0 63 22) 93 51 56.

Literatur: G. Feldmann / K. Heinz, Die ehemalige Benediktinerabtei »Kloster Limburg« über Bad Dürkheim, (Hrsg. Stadt Bad Dürkheim), Bad Dürkheim 1984. Zu beziehen beim Städt. Verkehrsamt.

Burg Schloßeck

Eine der ältesten Burgen in der Umgebung von Bad Dürkheim ist Burg Schloßeck auf einem Vorberg des Rahnfels. Schriftliche Aufzeichnungen sind nicht vorhanden. Die ältesten Teile der Anlage (Rest einer Ringmauer) reichen ins 9., 10. Jahrhundert - die älteren Teile der eigentlichen Burg in die Salierzeit, die jüngeren (z. B. Bergfried) in die Hohenstaufenzeit (um 1200). Man vermutet, daß die Leininger Grafen die Burg errichteten und mit dem Ausbau der Hardenburg aufgaben.

Jetzige Verwendung: Ausflugsziel (nicht bewirtschaftet).

Besichtigung: Jederzeit möglich.

Anfahrtswege: B 37, B 271 nach Bad Dürkheim. B 37 über Hardenburg. Aufstieg ca. 20 Min.

Wanderwege: Die Wanderkarte »Bad Dürkheim und Leininger Land« (Hrsg.: Landesvermessungsamt Rhld.-Pf. / 1:25 000), ist beim Städtischen Verkehrsamt Bad Dürkheim erhältlich.

Auskünfte: Städtisches Verkehrsamt Bad Dürkheim, Bahnhofplatz, 67098 Bad Dürkheim, Telefon (0 63 20) 93 51 56.

Kloster Maulbronn

Burg Battenberg

Im 13. Jahrhundert von den Leininger Grafen errichtet. Wahrscheinlich sollte sie dem Schutz der sechs Ortschaften (u.a. Battenberg) dienen, die den Leiningern von der Abtei Murbach (Elsaß) zu Lehen gegeben worden waren. Wahrscheinlich wurde die Anlage während des Pfälzischen Erbfolgekrieges von den französischen Truppen 1689 zerstört. Kein Wiederaufbau. Erhalten ist der unregelmäßige Befestigungsring.

Jetzige Verwendung: Privatbesitz. Bewirtung im Restaurant »Gutschenke«. Mo., Di. Ruhetag, Mi., Do., Fr. ab 16 Uhr, Sa., So. ab 12 Uhr.

Besichtigung: Nur Außenbesichtigung möglich.

Anfahrtswege: BAB 6 (Mannheim-Saarbrücken); Abfahrt Grünstadt, Richtung Kleinkarlbach. In Kleinkarlbach Richtung Bobenheim a. Berg, nach ca. 1 km rechts nach Battenberg abzweigen.

Wanderwege: Die »Wanderkarte Neuleininger und Battenberger Rundwanderwege« kann von der Verbandsgemeindeverwaltung Grünstadt-Land, Industriestraße 11, 67269 Grünstadt, Telefon (06359) 80010, bezogen werden. Preis DM 1,50 zzgl. Porto.

Auskünfte: Herr Jürgen Schraut, Hofgut, 67271 Battenberg, Telefon (06359) 2196.

Schloß Auerbach

Wahrscheinlich Mitte des 13. Jahrhunderts durch Dieter II. von Katzenelnbogen gegründet. Die Burganlage wurde im 14. und 15. Jahrhundert durch größere Verteidigungseinrichtungen erweitert und verstärkt. Seit dem 14. Jahrhundert erhielten die Grafen von Katzenelnbogen die Burg als kurzmainzisches Lehen. Ab dem 15. Jahrhundert diente Burg Auerbach als Amtssitz und blieb dies auch, als 1479 das Haus Hessen die gesamte Obergrafschaft Katzelnbogen übernahm. Erstmals während des Dreißigjährigen Krieges von den Franzosen eingenommen. Ernsthafte Schäden erlitt die Anlage allerdings erst 40 Jahre später, als während des Reichskrieges gegen Ludwig XIV. französische Truppen 1674 Schloß Auerbach eroberten. Das Schloß war unbewohnbar geworden und zerfiel. Erst in diesem Jahrhundert wurden umfangreiche Sicherungs- und Erhaltungsarbeiten durch die hessische Regierung vorgenommen.

Jetzige Verwendung: Beliebtes Ausflugsziel, bewirtschaftet, Montag Ruhetag.

Besichtigung: Ganzjährig, außer montags, von 10-17 Uhr. Führungen nach Vereinbarung.

Veranstaltungen: Im August findet das Burgfest statt, Ausk.: Städt. Fremdenverkehrsbüro.

In Maulbronn steht die am vollständigsten erhaltene und eindrucksvollste Klosteranlage des Mittelalters nördlich der Alpen. Sie ist ein Dokument mönchischen Geistes der Zisterzienser, die 390 Jahre lang bis 1537 hier lebten und wirkten.

Lage: Über dem Bensheimer Stadtteil Auerbach, sehr gute Aussicht.

Anfahrtswege: BAB 5 Frankfurt-Basel, Ausfahrt Bensheim oder Zwingenberg. B 3 nach Bensheim-Auerbach. Ab Ende bzw. Anfang des Stadtteils Auerbach: Braunes Hinweisschild Auerbacher Schloß bzw. Melibokus. Anfahrt zur Ruine möglich, Parkplatz, dann knapp 5 Min. Fußweg.

Wanderwege: Vielfältige Wandermöglichkeiten. Die Wanderkarte »Bensheim-Auerbach-Zwingenberg/Bergstraße« kann vom Städt. Fremdenverkehrsbüro angefordert werden.

Auskünfte: Städtisches Fremdenverkehrsbüro, Rodensteinstraße 19, 64625 Bensheim, Telefon (06251) 14117.

Literatur: Heinrich Geißler, Das Auerbacher Schloß. Das Faltblatt ist kostenlos beim Städt. Fremdenverkehrsbüro Bensheim erhältlich.

Fürstenlager

Die ehemalige Sommerresidenz der Landgrafen bzw. Großherzöge von Hessen-Darmstadt wurde überwiegend zwischen 1790 und 1795 errichtet. Inmitten eines großflächigen Parks wurde eine Gebäudegruppe mit einem Schlößchen als Mittelpunkt gebaut, von dem aus die Wege zu Tempeln, Teichen, Aussichtspunkten führen. Der Staatspark umfaßt knapp 100 Morgen und zeichnet sich auch durch exotische Bäume aus.

Jetzige Verwendung: Beliebtes Ausflugsziel (bewirtschaftet: im ehemaligen Herrenhaus befindet sich ein Hotel-Restaurant mit Cafe).

Besichtigung: Ganzjährig möglich. Führungen können mit dem Städt. Fremdenverkehrsbüro vereinbart werden (DM 1,- pro Person, bei Gruppen unter 30 Personen DM 30,- pauschal).

Lage: Östlich vom Zentrum des Bensheimer Stadtteils Auerbach.

Anfahrtswege: BAB 5 (Frankfurt-Basel) bis Abfahrt Bensheim oder Zwingenberg, dann Bundesstraße 3 nach Bensheim-Auerbach. In Bensheim weisen braune Hinweisschilder zum »Staatspark Fürstenlager«.

Wanderwege: Vielfältige Wandermöglichkeiten. Die Wanderkarte »Bensheim-Auerbach-Zwingenberg/Bergstraße« kann vom Städt. Fremdenverkehrsbüro bezogen werden. Spaziermöglichkeiten auch im Staatspark Fürstenlager selbst.

Auskünfte: Städt. Fremdenverkehrsbüro, Rodensteinstraße 19, 64625 Bensheim 1, Telefon (06251) 14117.

Literatur: »Spaziergänge im Staatspark Fürstenlager«. Das Faltblatt ist kostenlos beim Städt. Fremdenverkehrsbüro Bensheim erhältlich.

Eines der Kavaliershäuser

Schloß Schönberg

Die Burganlage entstand wahrscheinlich Mitte des 13. Jahrhunderts. Ihre Besitzer waren die Schenken von Erbach, die von den Pfalzgrafen belehnt worden waren. 1303 wird Burg Schönberg erstmals urkundlich erwähnt. Anfang des 16. Jahrhunderts eroberte Landgraf Wilhelm II. von Hessen die Burg, die in Brand geriet. Hessen behielt die Anlage und gab sie den Schenken zu Lehen. Um 1540 begann Schenk Eberhard XIII. mit umfangreichen Bauarbeiten: neue Gebäude entstanden, die Wehranlagen wurden verstärkt und das alte Herrenhaus gründlich renoviert. Nach diesem Schloß nannte sich die später dort regierende Linie »Erbach-Schönberg«. Im Dreißigjährigen Krieg wurde das Anwesen mehrmals geplündert und beschädigt. Die Reparaturen (1670-1677) wurden mit baulichen Veränderungen verbunden. In der ersten Hälfte des 18. Jahrhunderts sowie Mitte des 19. Jahrhunderts ließen die Grafen weitere Gebäude errichten und den Garten umgestalten. 1956 wurde Schloß Schönberg an die Ruhrknappschaft verkauft.

Jetzige Verwendung: Sanatorium der Bundesknappschaft.

Besichtigung: Nur Außenbesichtigung möglich.

Lage: Bensheimer Ortsteil Schönberg.

Anfahrtswege: BAB 5 (Frankfurt-Basel), Abfahrt Bensheim oder Zwingenberg. B 3 bis Bensheim, von dort nach Schönberg.

Auskünfte: Städtisches Fremdenverkehrsbüro, Rodensteinstraße 19, 64625 Bensheim, Telefon (06251) 14117.

Burg Stein

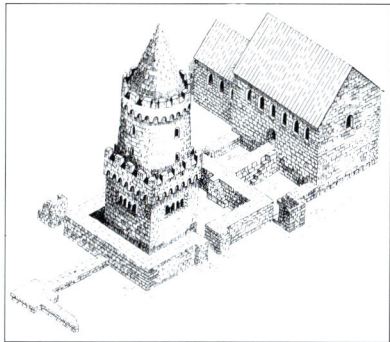

Isometrische Rekonstruktion

Die römische Burgus-Anlage aus dem 4. Jahrhundert bildete in karolingischer Zeit den Mittelpunkt des Königshofes Zullenstein. 806 kam er durch Schenkung an Kloster Lorsch, das damit einen Stützpunkt und Hafen an der Weschnitzmündung erhielt. 995 erhielt der Ort Stein Marktrecht. Wahrscheinlich Anfang des 11. Jahrhunderts gelangte Stein an die Wormser Bischöfe, die auf den Resten der Vorgängeranlage eine neue Burg errichteten. 1354 verpfändete Bischof Salmann die Burg an den Grafen von Sponheim, der eine Hälfte zwei Jahre später an die Stadt Worms, die mit ihrem Bischof im Streit lag, verpfändete. Nachdem der nachfolgende Bischof sich mit der Stadt geeinigt hatte, versuchte er, auch die andere Burghälfte auszulösen. Dies gelang nicht: 1366 trat Simon von Sponheim die Pfandschaft an den Pfalzgrafen Ruprecht ab. Im Bayerischen Erbfolgekrieg besetzte Hessen die Anlage - die Kurpfälzische Hälfte bis 1521. Ein militärischer Ausbau der Festung war anschließend nicht mehr möglich, da Kaiser Karl V. der Stadt Worms zugesichert hatte, keinen

---

»Zauberhafte Bergstraße«
Ein Führer entlang der »Riviera Deutschlands« mit vielen Farbfotos und ausführlichen Beschreibungen der Städte und Gemeinden

DM **15,-**

K. F. Schimper-Verlag · 68723 Schwetzingen

Burgbau innerhalb von 2 Meilen vor der Stadt zuzulassen. Burg Stein wurde verstärkt Amtskellerei. Während des Dreißigjährigen Krieges brannten die Spanier Burg Stein 1631 nieder. 1657 ließ Kurfürst Carl Ludwig die Burg abbrechen, im Gegenzug sollte Kurmainz die Gernsheimer Befestigung schleifen. Durch Steinraub verschwanden in der Folgezeit alle oberirdischen Gebäude. 1970 - 73 wurden die Reste ausgegraben.

Jetzige Verwendung: Ausflugsziel, nicht bewirtschaftet.

Besichtigung: Jederzeit möglich.

Lage: Im Steiner Wald Gemarkung Nordheim.

Anfahrtswege: B 44 bis Biblis; oder B 47 Nibelungenstraße bis Bürstadt, dann B 44 oder BAB 67 Viernheim-Darmstadt, Abfahrt Gernsheim oder Lorsch. Von Biblis über Wattenheim zum Steiner Wald.

Wanderwege: Die »Radwege- und Wanderkarte für das Südhessische Ried« kann bei der Gemeindeverwaltung gegen Entgelt bezogen werden.

Auskünfte: Gemeindeverwaltung Biblis, Ordnungsamt, Darmstädter Straße 25, 68647 Biblis, Telefon (0 62 45) 80 11.

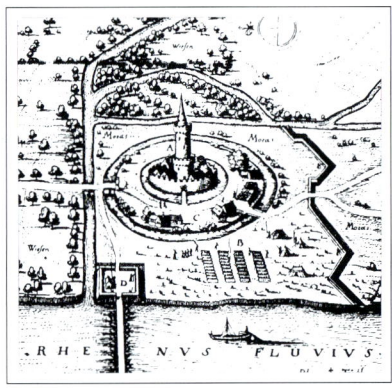

Stich von M. Merian, 1635.

Burg Dauchstein

Die im unteren Neckartal kleinste noch als Ruine erhaltene Burg Dauchstein liegt an einem zum Neckar fallenden Steilhang 1,3 km östlich von Binau. Sie ist benannt nach dem Kalkutta-Felsen, auf dem sie errichtet wurde, der sein Entstehen dem aus dem Plattensandstein austretenden Kalkulationen Quellwasser verdankt: Der mineralische Niederschlag des aus dem Unteren Muschelkalk stammenden Kalkes hatte sich durch Entweichen der Kohlensäure aus dem Wasser als Folge der Wassererwärmung an der Luft ergeben. Im Westen lehnt sich die Burg an eine wasserführende, nicht sehr tief eingeschnittene Klinge an. Gegen den Berg ist ein Halsgraben ausgebrochen.

Die um das Jahr 1150 erbaute Burg war wohl in erster Linie als Zollsperre vorgesehen. Da es in jenen Tagen noch keine entlang des Neckars führenden Fernverkehrswege gab, waren es ausschließlich Schiffe, die von auf der Burg Dauchstein ansässigen Rittern zur Kasse gebeten wurden.

Was von der Burg heute noch steht bzw. Anfang dieses Jahrhunderts in den Kunstdenkmälern des Großherzogtums Baden dargestellt ist, läßt einigermaßen die Anlage rekonstruieren. Markanteste Bauglieder sind der über einem Grundriß von etwa sechs mal sechs Meter errichtete rund 20 Meter hohe Bergfried mit 2,3 Meter dicker Wand und die sich nach Osten anschließende Schildmauer mit ewa vier Meter

»Liselotte von der Pfalz«
Im Intrigenspiel des Versailler Hofes.
Eine neue Sichtweise über das Leben
der kurpfälzischen Prinzessin in Frankreich.   DM 20,-
K. F. Schimper-Verlag · 68723 Schwetzingen

Länge und 1,7 Meter Dicke. Die Schildmauer weist einen Gießerker auf. Vom gängigen Schema weicht die Abortanlage im Turmzimmer ab, da bei ihr die Fäkalien über eine Röhre im Mauerwerk nach außen gelangten. An der Südseite des Turmes war der ca. 9 Meter breite, zweigeschossige Pallas angebaut. Seine Lände dürfte elf Meter betragen haben. Innerhalb der von Turm und Schildmauer ausgehenden etwa 66 Meter langen und 1,2 Meter dicken Ringmauer lag noch ein kleineres Gebäude mit einer Länge von 6,7 Metern. Die Breite kann man auf sechs Meter schätzen. Vielleicht war seine Rückwand mit der Zingelmauer identisch. Der Burgbereich war vier Ar groß.

Jetzige Verwendung: Die Burg ist in Privatbesitz, derzeit keine Nutzung.

Besichtigung: Burg nicht geöffnet, Außenbesichtigung jederzeit möglich.

Lage: Östlich von Binau.

Anfahrtswege: Binau liegt direkt an der B 37 zwischen Heilbronn und Heidelberg. Entfernung zur Kreisstadt Mosbach 5 km.

Wanderwege: Ausgewiesene Wanderwege vor Ort. Wanderkarten kostenlos erhältlich. Der sogenannte »Burgweg« führt direkt an der Burgruine Dauchstein vorbei.

Auskünfte: Bürgermeisteramt Binau, Rathaus, 74862 Binau, Telefon 0 62 03 / 93 20.

Reste der Schildmauer

Schloß Birkenau

Barockschloß. Erbaut 1771 im Auftrag des Freiherrn Wambolt von Umstadt. 1856 umfassende Instandsetzungsarbeiten und Veränderungen der Fassade. Ab 1787 Umwandlung des (französischen) Schloßgartens nach Plänen von Friedrich Ludwig v. Sckell im Sinne der freien englischen Landschaftsgestaltung.

Jetzige Verwendung: Wohnsitz der Familie Wambolt von Umstadt.

Besichtigung: Schloß: Nur Außenbesichtigung möglich; Park frei zugänglich.

Veranstaltungen: Im Schloßpark Platzkonzerte.

Lage: Unmittelbar an der Hauptstraße (Ortsdurchfahrt Birkenau).

Anfahrtswege: BAB 5 (Frankfurt-Basel): Abfahrt Weinheim, B 38 Richtung Birkenau.

Auskünfte: Verkehrsverein Birkenau, Hauptstr. 119, Rathaus, 69488 Birkenau, Telefon (0 62 01) 39 70.

Historisches Rathaus Mutterstadt

Das Museum für Ortsgeschichte informiert (an Hand von Bildtafeln) über Baugeschichte, Handwerk, Landwirtschaft, Familien und Vereine. Begleitet von Exponaten sind Religionsgemeinschaften, Brauchtum und die Vor- und Frühgeschichte erläutert. Ein Steinsarg mit Bestattung und Beigaben sowie Vitrinen mit Exponaten dokumentieren die Bedeutung der Gemarkung als römische Siedlung. Ein 25 Meter langes und 60 cm hohes Leuchtband komplettiert den Ausstellungsraum und zeigt in drei Ebenen die synchronen Ereignisse der Welt-, Regional- und Ortsgeschichte. **Info: Rathaus Mutterstadt, Telefon 06234 / 8 30**

Schloß Bödigheim

Zwischen 1286 und 1296 durch Wiprecht Rüdt von Collenberg errichtet. Die Burg wurde zum Sitz der Bödigheimer Linie der Familie. Zwischen 1597 und 1599 wurde ein neues Wohnhaus in der Burg gebaut. Während des Dreißigjährigen Krieges erlitt die Anlage 1634 so schwere Zerstörungen, daß sie nicht wieder aufgebaut wurde. Anstelle der ehemaligen Vorburg wurde Anfang des 18. Jahrhunderts eine barocke Schloßanlage von Ernst und Carl Ernst Rüdt von Collenberg errichtet, die sich heute noch in gutem Zustand befindet.

Jetzige Verwendung: Private Nutzung.

Besichtigung: Nur Außenbesichtigung möglich.

Anfahrtswege: B 27 bis Abzweigung Richtung Seckach; oder (von Süden), über Adelsheim (Richtung Seckach), Zimmern und Seckach nach Bödigheim.

Wanderwege: Die »Buchener Wanderkarte« kann vom Städtischen Verkehrsamt Buchen, Platz »Am Bild«, 74722 Buchen, Telefon (06281) 2780, bezogen werden.

Auskünfte: Städtisches Verkehrsamt, 74722 Buchen, Platz am Bild, Telefon (06281) 2780.

Literatur: Dietrich Lutz, Die Herrschaftssitze in Bödigheim und Hettigenbeuern (in: Siedlungsentwicklung und Herrschaftsbildung im Hinteren Odenwald; Reihe: Zwischen Neckar und Main, Schriftenreihe des Vereins Bezirksmuseum Buchen e.V., Heft 24, Buchen 1988; S. 55-58). Das Heft ist erhältlich beim Verein Bezirksmuseum Buchen e.V., Kellereistr. 25-29, 74722 Buchen, Telefon (06281) 8898.

Schloß Eberstadt

1386 errichtete Eberhard Rüdt III. von Collenberg bei Eberstadt eine Wasserburg. Im Laufe der Zeit wurde sie durch An- und Vorbauten erweitert und verstärkt. Um 1500 wird sie in Lehensbriefen als Schloß bezeichnet. Während des Dreißigjährigen Krieges mehrmals geplündert, wird sie rund 40 Jahre später als »verfallenes« Gebäude aufgeführt. 1700 begann Johann Ernst Rüdt von Collenberg mit einer völligen Umgestaltung der Wasserburg und gab ihr sein heutiges Aussehen. Im 18. Jahrhundert wurden die Innenräume verändert, in der Mitte des 19. Jahrhunderts die Wassergräben zugeschüttet.

Jetzige Verwendung: Private Nutzung.

Besichtigung: Nur Außenbesichtigung möglich.

Lage: Buchen-Eberstadt, Dorfstraße 15.

Feste Dilsberg

Anfahrtswege: B 27 bis Buchen-Zentrum, von da über Landstraße nach Eberstadt (3901). Oder von Süden über Adelsheim (Richtung Seckach), bei Zimmern Richtung Schlierstadt bis Eberstadt.

Wanderwege: Von Buchen nach Eberstadt mit Besuch der Eberstadter Tropfsteinhöhle («Höhlenrundweg«, ausgeschildert, Dauer ca. 90 Min.). Die »Buchener Wanderkarte« kann vom Städtischen Verkehrsamt Buchen, Platz »Am Bild«, 74722 Buchen, Telefon (06281) 2780, bezogen werden.

Auskünfte: Städtisches Verkehrsamt, 74722 Buchen, Platz am Bild, Telefon (06281) 2780.

Literatur: Juliana von Stockhausen, Schloß Eberstadt (in: Heimatheft der Gemeinde Eberstadt, Hrsg. Gemeinde Eberstadt, Buchen 1967, S. 33-35). Der Artikel (Fotokopie) ist über das Städt. Verkehrsamt Buchen zu beziehen.

Götzenturm

Der Wohnturm wurde wahrscheinlich im 14. Jahrhundert von den Herren von Adelheim errichtet. 1440/45 verkauften sie eine Hälfte an die Herren von Berlichingen, die 1570 auch die zweite Hälfte erwarben. Bis 1806 war die Familie von Berlichingen im alleinigen Besitz des Wohnturms. 1862 kaufte die Gemeinde den Turm von der Familie von Berlichingen-Rossach; zunächst benutzte sie ihn als Armenhaus. 1982 wurde der Turm renoviert.

Jetzige Verwendung: Sitz der Ortsverwaltung, Lese- und Versammlungsräume.

Besichtigung: Während der Öffnungszeiten der Ortschaftsverwaltung möglich. Dienstags 14.30-18.30 Uhr, donnerstags 9.30-12.30 Uhr, außer an Feiertagen.

Lage: Buchen-Hettigenbeuern, Morretalstraße, am Ostufer der Morre.

Anfahrtswege: B 27 bis Buchen-Zentrum, von dort auf landschaftlich schöner Landstraße K 3915 bis Hettigenbeuern, Richtung Amorbach.

Wanderwege: Von Buchen durch das Morretal zum Stadtteil Hettigenbeuern, ca. 2 Std., leichte Strecke. Die »Buchener Wanderkarte« kann vom Städt. Verkehrsamt Buchen, Platz »Am Bild«, 74722 Buchen, Telefon (06281) 2780, bezogen weden.

Auskünfte: Städtisches Verkehrsamt, 74722 Buchen, Platz am Bild, Telefon (06281) 2780.

Literatur: Dietrich Lutz, Die Herrschaftssitze in Bödigheim und Hettigenbeuern, in: Siedlungsentwicklung und Herrschaftsbildung im Hinteren Odenwald; Reihe: Zwischen Neckar und Main, Schriftenreihe des Vereins Bezirksmuseum Buchen e.V., Heft 24, Buchen 1988. Das Heft ist erhältlich beim Verein Bezirksmuseum Baden e.V., Kellereistr. 25-29, 74722 Buchen, Telefon (06281) 8898.

Kandelaber

Die Feste Dilsberg, am Neckar gelegen, bietet den reizvollen Rahmen für Konzerte und Theateraufführungen.

Hainstadter Schloß

Das heutige Schloß wurde um 1720 auf dem Gelände eines alten Wasserschlosses erbaut und diente bis 1803 als Würzburgisches Kellereigebäude. 1803 gelangte es an den Fürsten von Leiningen, der es 1844 an Rüdt von Collenberg verkauft. Franz Carl Julius Rüdt baute das Amtshaus zu einem Schloß um, das heute noch von der Familie bewohnt wird. Im Schloßgarten befinden sich geringe Reste des alten Wasserschlosses, das zwar den Bauern- und den Dreißigjährigen Krieg überstanden hatte, 1687 aber als verfallen bezeichnet wurde.

Jetzige Verwendung: Private Nutzung.

Besichtigung: Nur Außenbesichtigung möglich.

Anfahrtswege: B 27 bis Walldürner Straße (L 522), dann zum Ortsteil Hainstadt, Buchener Straße, Brunnenstraße.

Wanderwege: Wanderung von Buchen nach Hainstadt über den Arnberg (Weg-Nr. 15) - Dauer ca. 2 Stunden (leichte Strecke mit geringen Steigungen).
Die »Buchener Wanderkarte« kann vom Städtischen Verkehrsamt Buchen, Platz »Am Bild«, 74722 Buchen, Telefon (06281) 2780, bezogen werden.

Auskünfte: Städtisches Verkehrsamt, 74722 Buchen, Platz am Bild, Telefon (06281) 2780.

Literatur: »Hainstadt in Baden, 775 - 1975. Heimatbuch zur 1200-Jahrfeier«, Hrsg.: Gemeinde Hainstadt, Hainstadt 1975. Das Buch kann bezogen werden bei der Ortschaftsverwaltung Hainstadt, Rathaus, 74722 Buchen-Hainstadt.

Steinerner Bau

Ursprünglich Burgsitz des Niederadelgeschlechts von Buchheim. Nachdem sie Anfang des 14. Jahrhunderts an Kurmainz verkauft worden war, ließ Erzbischof Berthold von Henneberg 1493 die alte Burg zur Residenz umbauen. Der »Steinerne Bau« diente bis Anfang des 16. Jahrhunderts als Sommerresidenz der Mainzer Erzbischöfe. Baulich war er Teil der Kurmainzischen Kellerei. 1803 kam die gesamte Anlage in den Besitz des Fürsten von Leiningen, der hier ein Rentamt einrichtete. 1868 kaufte die Stadt Buchen das Anwesen auf, der »Steinerne Bau« wurde in der Folgezeit für verschiedene Zwecke benutzt. Auch der »Altertumsverein« wurde hier untergebracht. Seine zunehmende Sammeltätigkeit erforderte bald zusätzlichen Platz; die Idee, ein Museum einzurichten, führt 1911 zur Gründung des »Vereins Bezirksmuseum« und in den folgenden Jahren zur Übernahme des »Steinernen Baus« sowie der ehem. Zehntscheune für Museumszwecke.

Jetzige Verwendung: Bezirksmuseum Buchen. Öffnungszeiten: Ganzjährig jeden Mittwoch (19.30-21 Uhr) - außer Feiertagen; von Pfingsten bis Ende September zusätzlich jeden Samstag und Sonntag von 14-17 Uhr. Führungen können vereinbart werden. Eintrittspreise: Erwachsene DM 2,-; Schüler, Studenten DM -,50 (Gruppen ab 20 Personen DM 1,50 pro Person). Auskünfte: Städtisches Verkehrsamt Buchen, Platz »Am Bild«, 74722 Buchen, Telefon (06281) 2780, bzw. 3429.

Veranstaltungen: Konzerte und Vorträge. Auskünfte: Verein Bezirksmuseum Buchen e.V., Kellereistr. 25-29, 74722 Buchen, Telefon (06281) 8898.

Lage:
Buchen/Odenwald, Kellereistraße 29.

Anfahrtswege: B 27 nach Buchen-Zentrum. Parkplätze in der Kellereistraße.

Auskünfte: Verein Bezirksmuseum Buchen e.V., Kellereistraße 25-29, 74722 Buchen, Telefon (06281) 8898.

Literatur: Das Bezirksmuseum Buchen und seine Sammlungen (Schriftenreihe des Vereins Bezirksmuseum e.V., Heft 23) kann vom Verein Bezirksmuseum bezogen werden.

Schloß Dallau

Historischer Brunnen

Die Anlage wurde im 13. Jahrhundert durch den Deutschen Orden erbaut. Zu Beginn des 15. Jahrhunderts erwarb der Orden den Burgstadel und zusätzlich Besitzungen in Dallau von Pfalzgraf Otto I. von Mosbach. Ein Streit mit Pfalzgraf Otto II. wegen der Kontrollrechte über den Vorhof des Schlosses konnte 1478 gütlich beigelegt werden. Nach der Zerstörung während des Bauernaufstandes wurde das Schloß 1529-30 wieder repräsentativ aufgebaut. Die Gesamtanlage besaß vier Ecktürme, eine Ringmauer mit Wehrgang, Wirtschaftsgebäude, Schloß und war von einem Wassergraben umgeben. Das Schloß war Sitz eines Amtes des Deutschen Ordens. 1668 gelangten Schloß und die sonstigen Besitzungen des Deutschen Ordens durch Tausch an Kurpfalz.

Jetzige Verwendung:
Öffentliche Nutzung.

Besichtigung: Nach Vereinbarung mit der Gemeindeverwaltung Elztal möglich.

Lage: Ortsmitte Elztal-Dallau.

Anfahrtswege: B37 / B 27 (Burgenstraße) über Mosbach bzw. Buchen (B 27) nach Elztal-Dallau.

Auskünfte: Bürgermeisteramt Elztal, Hauptstr. 8, 74834 Elztal, Telefon (06261) 8 90 30.

Stolz der Kurpfalz
SCHWETZINGER SPARGEL

Viele Fotos - viele Rezepte - ein Buch für Genießer.
In allen Buchhandlungen erhältlich · K. F. Schimper-Verlag

Schloß Deidesheim

Anfahrtswege: »Deutsche Weinstraße« zwischen Bad Dürkheim und Neustadt a.d.W., im Zentrum von Deidesheim.

Auskünfte: Verbandsgemeinde Deidesheim, Amt für Fremdenverkehr, Bahnhofstraße 11, 67146 Deidesheim, Telefon (06326) 5021.

Literatur:
Berthold Schnabel, Kunsthistorischer Führer durch die Verbandsgemeinde Deidesheim (Hrsg. Verbandsgemeinde Deidesheim), Forst 1976

Wahrscheinlich im 12. Jahrhundert ließen die Speyerer Fürstbischöfe eine Wasserburg errichten, die durch eigene Wehranlagen zusätzlich zur Stadtbefestigung geschützt war. Sie war Sitz der Verwaltung und Außenresidenz. Im Pfälzischen Erbfolgekrieg brannten französische Truppen 1689 Stadt und Schloß nieder. Lediglich der alte Bergfried blieb erhalten. 1740 ließ Kardinal Damian Hugo das Schloß als Sommerresidenz vierflüglig wieder aufbauen. 1794 wurde das Gebäude von französischen Revolutionstruppen geplündert. Während der nächsten 10 Jahre wurde die Ruine als Steinbruch genutzt. 1804 erwarb Heinrich Görg das Anwesen und ließ 1817 die heute vorhandenen klassizistischen Gebäude errichten. Von den mittelalterlichen Wehranlagen sind noch Reste erhalten.

Jetzige Verwendung: Private Nutzung durch Weingüter. Zum Teil bewirtschaftet. Gutsausschank und Gartenterrasse (Weingut Dr. Kern), ganzjährig geöffnet. Ruhetag Donnerstag und Freitag.

Besichtigung: Nur Außenbesichtigung möglich.

Lage: Im Ortszentrum von Deidesheim (Schloßstraße 2-6).

Dörrenbacher Kirchenburg

Befestigte Friedhöfe waren im Mittelalter und in der Neuzeit ein weitverbreiteter Typus einer Befestigungsanlage. Häufig an den Kirchenhügel angelehnt, etwas erhöht innerhalb des Dorfes stehend entstanden sie als Ausdruck des Sicherheitsbedürfnisses der ländlichen Bevölkerung. Die Rechtsunsicherheit, vor allem aber das Fehdewesen des ausgehenden Mittelalters, brachten für die Bewohner des flachen Landes oft Verwüstungen durch die Soldateska und in ihrem Gefolge Hunger und Not. Der Schutz durch den Adel war nur noch in geringem Maße vorhanden, so daß sich die Bauern in ihren Gemeinwesen zu schützen trachteten - durch von ihnen angelegte und unterhaltene befestigte Friedhöfe.

Schloß Karlsruhe

Ummauert waren die Kirchhöfe zumeist, den Charakter einer Wehranlage erhielten sie aber erst durch Mauertürme, Schießscharten und Wehrgänge. In der Pfalz befanden sich solche Anlagen z. B. in Heuchelheim, Steinfeld, Kandel, Battenberg, Groß-Bockenheim und Quirnheim. Von den meisten Friedhofsbestimmungen finden sich heute nurmehr Reste. Anders in Dörrenbach! Mit Ringmauer, Zwinger und vier Mauertürmen vermittelt die Dörrenbacher Kirchenburg auch noch dem heutigen Betrachter einen Eindruck von der Größe und Beschaffenheit solcher Wehranlagen.

Die Befestigung des Dörrenbacher Friedhofes bildet ein west-östlich gestrecktes Rechteck. Von den vier Mauern des Berings ist die nördliche im 19. Jahrhundert bei der Erweiterung des Kirchhofs abgetragen worden. Die Ringmauer ist ca. 6 m hoch und 1 m breit; sie besteht aus verschiedenen großen, rohbearbeiteten Quadern. Diese weisen keinerlei spezifische Bearbeitungsmerkmale auf. Schießscharten, Zinnenbewehrung oder Auflagen für Wehrgänge sind nicht vorhanden, sie sind auch wenig wahrscheinlich, da die Innenseite der Mauer früher gerade bis zu 1,50 m vom Niveau des ehemaligen Friedhofs aufragte und die Mauer so an sich schon als Brustwehr diente.

Der heutige Zugang zu der Anlage befindet sich an der Südseite. Der vorgelagerte Zwinger ist heute verengt, früher war er weiter nach Süden ausgreifend und außerdem über eine westliche Treppe zu erreichen. Durch das spitzbogige, schwach-gekehlte äußere Tor führt die Treppe zu dem höher gelegenen Innenhof. Ein zweites Tor, wie es in der älteren Literatur öfter beschrieben ist, fehlt heute. Neben dem äußeren Tor ist ein 63 cm hohes Schwert in einen Quader gehauen. An allen vier Ecken des Berings finden sich Mauertürme. Ihre Höhe beträgt ca. 11 m, in jedem der Geschosse sind spätgotische Schießscharten für Armbrust und Arkebusen eingelassen, in jedem Stockwerk drei. Die Türme haben spitze Turmhauben und weisen dasselbe Mauerwerk auf wie die Ringmauer. Das Dachgeschoß ragt vor. Der mit Scharten versehene Kirchturm, wie auch die Schießscharten an der Südfront des Rathauses unterstreichen den wehrhaften Charakter der gesamten Anlage.

Jetzige Verwendung: Kirche (Simultankirche).

Besichtigung: Jederzeit möglich.

Führungen: Mai-Oktober jeweils Dienstag, 16 Uhr. Treffpunkt an der Wehrkirche.

Veranstaltungen: Weinfest, Weinproben, Wanderungen.

Lage: Dörrenbach liegt an der Südlichen Weinstraße zwischen Bad Bergzabern und der deutsch-französischen Grenze zum Elsaß.

Anfahrtswege: Von Norden kommend, Autobahn A 65, Abfahrt Landau-Süd.
Von Karlsruhe kommend, Autobahn A 65, Abfahrt Kandel-Nord, Richtung Bergzabern/Weißenburg.

Wanderwege: Gut markierte Wanderwege führen durch herrliche Mischwälder zum Stäffelsbergturm (481 m ü. M.), mit weitem Rundblick über die Rheinebene zum Schwarzwald, ins benachbarte Elsaß und den Vogesen, sowie zum Wasgau und Pfälzerwald. Weitere Wanderziele sind die Kolmerberg-Kapelle, die Ruine Guttenburg und das Deutsche Weintor.

Auskünfte: Verkehrsverein Dörrenbach e.V., Im Rödelstal 26, 76889 Dörrenbach, Telefon 0 63 43 / 48 64.

Literatur: 1000 Jahre Dörrenbach, Chronik eines südpfälzischen Dorfes, Dörrenbach 1992.

Wehrgang

Das Schloß wurde von Markgraf Carl Wilhelm im Jahre 1715 mitten im Hardtwald gegründet, weil seine Durlacher Bürger sich einer Wiederherstellung und Vergrößerung der alten Residenz widersetzten. Es wurde das Zentrum der neuen Stadt „Carolsruhe".

Schauenburg

Die Ruine Schauenburg ist der baulich und geschichtlich bedeutsamste von ehemals fünf mittelalterlichen Wehrbauten auf Dossenheimer Gemarkung.
Sie liegt in rund 275 Metern Höhe NN auf einem nach drei Seiten steil abfallenden Sporn am Südwesthang des Ölbergs, über dem Eintritt des Kalkofentals in die Ebene, wo die alte Bergstraße vorüberführt. Von einem breiten und tiefen Graben mit vorgelegtem Wall umgeben, war die Burg zur östlichen Bergseite hin, von woher im Falle eines Angriffs alleine der Zugang erfolgen konnte, durch eine mächtige, gewinkelte Schildmauer geschützt. Deren zur Angriffsseite deutende Spitze wurde durch einen eingebundenen Bergfried von quadratischem Grundriß zusätzlich verstärkt. Daneben sind heute noch imposante Reste der Toranlage, Teile der nördlichen Umfassungsmauer sowie im Kernbereich die Fundamente des Palas und anderer Räumlichkeiten erhalten. In der ansonsten aus Bruchsteinen des an der Baustelle anstehenden Quarzporphyrs errichteten Anlage fallen die wahllos in der Mauerschale und im Füllmauerwerk sekundär verwendeten Sandsteinquader auf.
Die Existenz der Burg ist erstmals 1130 durch den sich nach ihr nennenden Edelfreien Gerhard von Schauenburg urkundlich belegt. Im 12. Jahrhundert stellte die Familie einen Speyerer Bischof und einen Abt des Klosters Lorsch. Im 13. Jahrhundert galt sie nach den Pfalzgrafen als das vornehmste Geschlecht im Lobdengau. Ihr Wappentier, ein nach links (heraldisch rechts) steigender, gekrönter und bewehrter Löwe, ist auf einem einfarbigen Wachssiegel mit Darstellung des Wappenschildes überliefert. Zur Herrschaft Schauenburg gehörten Güter und Rechte auf den Gemarkungen der Ortschaften Dossenheim, Handschuhsheim und Neuenheim. Für die Mitte des 13. Jahrhunderts belegen die Urkunden wirtschaftliche Schwierigkeiten. Nachdem die Herren von Schauenburg um 1280 herum im Mannesstamm ausgestorben waren, veräußerten ihre Erben im Jahre 1303 Burg und Herrschaft an die Wittelsbacher Pfalzgrafen, welche damit den wohlhabenden Wormser Bürger Johann Holderbaum belehnte, der ihnen die Kaufsumme vorgestreckt hatte. Um 1320 gelangten Burg und Herrschaft Schauenburg dann mit Einverständnis König Ludwigs des Bayern aus dem Hause Wittelsbach an den Mainzer Erzbischof. Der von Geldsorgen ebenfalls nicht freie Kirchenfürst besetzte die Burg mit seinen Gefolgsleuten, zu denen Angehörige der Adelsgeschlechter Strahlenberg, Erbach und Handschuhsheim gehörten, welchen letzteren die Burg im 14. und 15. Jahrhundert für wenigstens acht Jahrzehnte verpfändet war. Aus dieser Zeit sind zahlreiche Baunachrichten erhalten, die auf eine nicht unerhebliche Erweiterung der Feste insbesondere im Bereich der tiefergelegenen Wirtschaftsburg hindeuten.
Vor den Toren der pfalzgräflichen Residenzstadt Heidelberg gelegen, stand die mainzische Schauenburg im 15. Jahrhundert bald im Brennpunkt der Auseinandersetzungen zwischen den beiden rivalisierenden Territorialmächten Kurpfalz und Kurmainz um die Vorherrschaft im Raum Bergstraße-Odenwald. Im Krieg von 1460 wurde die Burg schließlich von den Pfälzern zerstört. Über Jahrhunderte hinweg diente die Ruine der Dossenheimer Bevölkerung dann als willkommene Quelle für die Beschaffung billigen Baumaterials.
Nach einer ersten Freilegung und Einmessung auf Initiative des Altertumsforschers Karl Pfaff um 1902 fiel ein erheblicher Teil der Vorburg in den darauffolgenden Jahren dem Abbau des als Straßenschotter begehrten Porphyrgesteins im sog. »Schloßbruch« zum Opfer. Weitere Freilegungsarbeiten im Bereich der erhalten

PAPIERBOUTIQUE

Fachgeschäft für Schule und Büro
Stempelanfertigungen

WEINMANN GMBH

Buch- und Offsetdruck

Karlsruher Str. 17 · 68766 Hockenheim · ☎ 80 36

gebliebenen Kernanlage folgten um 1932 und 1959. Eine Grabung des Landesdenkmalamtes erbrachte 1994 Erkenntnisse über die frühen Bauphasen der Schauenburg. Demnach bestand die Anlage im 12. Jahrhundert zunächst aus einem von der polygonalen Ringmauer umgebenen mächtigen Wohnturm auf dem höchsten Punkt des Burgbergs. Die Bergfried-Schildmauer, deren Reste heute noch sichtbar sind, ist dagegen in die zweite Hälfte des 13. Jahrhunderts oder danach zu datieren.

Jetzige Verwendung: Die Ruine Schauenburg ist Eigentum der Gemeinde Dossenheim, Rhein-Neckar-Kreis, und steht als »Kulturdenkmal besonderer Bedeutung« unter Denkmalschutz. Sie gilt heute wieder als beliebtes Ausflugsziel, von dem aus man bei klarem Wetter eine herrliche Fernsicht über die Rheinebene genießt. Seit 1982 ist eine Gruppe freiwilliger Helfer aus Dossenheim und Umgebung unter Mitwirkung der Außenstelle Karlsruhe des Landesdenkmalamtes Baden-Württemberg um die Sicherung der aufgehenden Mauerreste der Kernanlage bemüht.

Besichtigung: Die Ruine ist - auf eigene Gefahr - jederzeit frei zugänglich, doch ist Lagern und offenes Feuer verboten. Mutwillige Beschädigungen und unerlaubte Nachforschungen werden zur Anzeige gebracht. Alte Grabungsfunde von der Schauenburg, sowie Pläne, Fotos und Modelle sind im Heimatmuseum der Gemeinde Dossenheim zu sehen.

Führungen: Nach Vereinbaurg durch Vertreter der »Arbeitsgemeinschaft Schauenburg«.

Veranstaltungen:
»Tag des offenen Denkmals« am zweiten Sonntag im September.

Lage:
Vergleiche Landesvermessungsamt Baden-Württemberg, TK 25, Blatt Nr. 6518.

Anfahrtswege: Vom Schloßbruch-Parkplatz am nordöstlichen Ortsende ist die Ruine über Ölberg- oder Kalkofentalweg in wenigen Minuten zu Fuß erreichbar.

Wanderwege:
Die Ruine liegt an dem vom OWK mit »R« gekennzeichneten Randweg.

Auskünfte:
Bürgermeisteramt Dossenheim, Telefon 06221/8651-0 (Rathaus-Info).

Literatur: Zur neueren Forschung vgl. die Aufsatzveröffentlichungen von Ch. Burkhart in den nachfolgenden Zeitschriften und Jahrbüchern: Burgen und Schlösser 35 (1994/2), Badische Heimat 74 (1994/3), Hierzuland 9 (1994/2), Unser Land 10 (1995), Mannheimer Geschichtsblätter - N. F. 3(1996).

Burg Eberbach

Die Anfänge der Burg gehen wahrscheinlich in die Frühzeit der Wormser Herrschaft zurück. Auf der Burghälde, Ausläufer des Katzenbuckels, entstand eine dreiteilige Gruppenburg, als deren Besitzer in der ersten urkundlichen Erwähnung 1196 Graf Konrad von Eberbach genannt wird. Möglicherweise waren die Herren von Eberbach gleichzeitig Vasallen des Bischofs von Worms und der Hohenstaufenkaiser. König Heinrich VII. kaufte 1227 die Anlage von Worms. 1403 wurde sie von König Ruprecht an Hans von Hirschhorn verpfändet. Da der neue Besitzer Burg Eberbach als Rivalin seiner eigenen Anlage betrachtete, erreicht er, daß die Burg als unrentabel abgerissen wird. Zwischen 1908 und 1932 erfolgten Ausgrabungen, die Hauptgebäude wurden freigelegt und teilweise wiederhergestellt.

Jetzige Verwendung: Ausflugsziel (keine Bewirtschaftung).

Eberbach

Besichtigung: Jederzeit möglich.

Lage: Oberhalb von Eberbach.

Anfahrtswege: B 37 Burgenstraße bis Eberbach; L 524, Neue Dielbacher Straße bis zum Waldparkplatz Richtung Mudau. Vom Parkplatz ca. 20 Min. zu Fuß.

Wanderwege: Ab Stadtmitte Eberbach führt ein bequemer Anmarschweg in ca. 3/4 Stunden zur Ruine. Die »Gemeinsame Wanderkarte Eberbach, Hirschhorn, Neckartal mit Hohem und Kleinem Odenwald«, 1:50 000, ist über die Kurverwaltung Eberbach zu beziehen.

Auskünfte: Kurverwaltung Eberbach, Kellereistr. 32-34, 69412 Eberbach. Telefon (06271) 4899.

Literatur: Faltblatt »Hohenstaufenburg Eberbach« ist bei der Kurverwaltung kostenlos erhältlich.

Burg Stolzeneck

Gründung der Burg um 1200 durch (vermutlich) das Rittergeschlecht derer von Stolzinecke. 1284 wurde sie von Pfalzgraf Ludwig II. gekauft und von der Kurpfalz bis 1510 verschiedenen Lehensträgern überlassen. Um 1400 sowie im 16. Jahrhundert wurde die Burg wesentlich erweitert. Letztmals wurde die Anlage 1576 als Wohnstätte erwähnt. Danach dürfte sie verfallen oder geschleift worden sein.

Jetzige Verwendung: Beliebtes Ausflugsziel (keine Bewirtschaftung, aber Feuerplatz vorhanden). Kostenloser Zeltplatz für Jugendgruppen, Anmeldung zw. Absprache mit dem Forstamt Schwarzach erforderlich.

Besichtigung: Jederzeit möglich.

Lage: Zwischen Eberbach-Rockenau und Krösselbach.

Anfahrtswege: B 37 (Burgenstraße) bis Eberbach, dort über den Neckar, Richtung Rockenau. Über Rockenau bis zum Parkplatz vor Krösselbach. Von dort ca. 200-300 Meter Fußweg.

Wanderwege: Vielfältige Wandermöglichkeiten. Die Naturpark-Karte »Odenwald-Südwest« (Hrsg. Landesvermessungsamt B.-W., 1:50.000) ist im Buchhandel erhältlich.

Auskünfte: Bürgermeisteramt Neunkirchen, Marktplatz 1, 74867 Neunkirchen, Telefon (06262) 3833; Staatl. Forstamt Schwarzach, 74867 Schwarzach, Telefon (06262) 6211; Kurverwaltung Eberbach, Kellereistr. 32-34, 69412 Eberbach, Tel. (06271) 4899.

Literatur: Beim Forstamt Schwarzach und bei der Kurverwaltung Eberbach ist eine hektographierte Übersicht über die Geschichte von Burg Stolzeneck erhältlich.

Fensterfront im Palas

MUSEUMS FÜHRER Rhein-Neckar-Kreis

Alles Wissenswerte - Exponate, Adressen, Wegbeschreibungen, Parkplätze, Öffnungszeiten, Eintrittspreise - über 62 Museen im Rhein-Neckar-Kreis und in den Städten Heidelberg und Mannheim.

K. F. Schimper-Verlag

Frankenburg

Über dem Modenbachtal auf einem Vorsprung des Frankenberges gelegen (gegenüber von Meistersel). Nur noch geringe Reste vorhanden.

Besichtigung: Jederzeit möglich.

Lage: Im Modenbachtal (nordöstlich vom Ramberg, westlich von Weyher i.d.Pf.)

Anfahrtswege: Deutsche Weinstraße bis Weyher oder Burrweiler, von dort ins Modenbachtal. Parkplatz Jagdh. - Ruine selbst ist nur zu Fuß erreichbar.

Wanderwege: Gute Wandermöglichkeiten. Die topographische Karte mit Wanderwegen »Neustadt, Maikammer, Edenkoben, Landau« (Hrsg. Landesvermessungsamt Rheinland-Pfalz), (1:25 000) ist beim Verkehrsverein Edenkoben gegen Kostenerstattung erhältlich.

Auskünfte: Verkehrsamt Edenkoben, Weinstraße 86, 67480 Edenkoben, Telefon (06323) 3234.

Schloß Ludwigshöhe

Erbaut 1846 - 1851 unter König Ludwig I. von Bayern unterhalb der Ruine der Rietburg. Der Hofarchitekt Ludwigs, Friedrich von Gärtner, konzipierte die »Villa italienischer Art« als klassizistischen Vierflügelbau mit rechteckigem Innenhof. Die bayerischen Wittelsbacher benutzten ab Mitte der 20er Jahre das Schloß nicht mehr. Im 2. Weltkrieg wurde es teilweise beschädigt. Nach dem Krieg diente es den alliierten Truppen bzw. als Kindergarten bis 1952. Danach begann man mit einer Instandsetzung, und von 1975, als das Land Rheinland-Pfalz das Schloß erworben hatte, bis 1980 erfolgte eine tiefgreifende Restaurierung.

Jetzige Verwendung: Museum und Konzertsäle. Max-Slevogt-Dauerausstellung; Sonderausstellungen.

Besichtigung: 1. April - 30. Sept. 9-13, 14-18 Uhr; 1. Okt.-31. März 9-13, 14-17 Uhr. Montag Ruhetag, Dezember geschlossen. Führungen durch die Schloßräume bei Bedarf jeweils um 10, 11, 12, 15 und 16 (17) Uhr. Die Max-Slevogt-Dauerausstellung und die Wechselausstellungen sind ohne Führungen zu besichtigen. Eintrittspreise: Erwachsene DM 3,-, Gruppen ab 20 Personen DM 2,-. Rentner, Studenten, Jugendliche DM 1,50, Schulklassen DM 1,-, Kinder in Familien DM -,50.

Rhein Tauber Literatur

Brühlstraße 57, Postfach 1347
69207 Sandhausen
Telefon 06224 / 2869

Edenkoben

Veranstaltungen: Konzerte und Ausstellungen.

Anfahrtswege: B 38 bis Edenkoben, von dort ab Ortsmitte führt eine ausgeschilderte Straße zum Schloß. Oder »Deutsche Weinstraße« bis Rhodt, dort Richtung Rietburg/Schloß Ludwigshöhe.

Wanderwege: Gute Wandermöglichkeiten. Ab Stadtmitte Edenkoben führt ein leichter Fußweg (ca. 1. Stunde) zum Schloß. Die topographische Karte mit Wanderwegen »Neustadt, Maikammer, Edenkoben, Landau« (Hrsg. Landesvermessungsamt Rheinland-Pfalz), (1:25 000) ist beim Verkehrsverein Edenkoben gegen Kostenerstattung erhältlich.

Auskünfte: Schloßverwaltung Villa Ludwigshöhe, 6732 Edenkoben, Telefon (06323) 3148;
Verkehrsamt Edenkoben, Weinstraße 86, 67480 Edenkoben, Telefon (06323) 3234.

Literatur: Werner Bornheim, Schloß »Villa Ludwigshöhe«, Führer der Verwaltung der staatlichen Schlösser Rheinland-Pfalz (Heft 13), Mainz 1981. Das Heft kann bezogen werden von der Schloßverwaltung Villa Ludwigshöhe.
Roland Berthold, »Villa Ludwigshöhe, Ludwig I. und sein Schloß«.

Burg Meistersel

Fensterrest im Palas

Die Felsenburg wurde im 11. Jahrhundert gegründet und vom Bistum Speyer an die Kaiser, von diesen weiterverliehen. Im 14. Jahrhundert wurde Meistersel Ganerbenburg. Anfang des 15. Jahrhunderts wurde die Anlage verstärkt und restauriert. Die erste Zerstörung erfolgte im Bauernkrieg von 1525. Nach ihrem Wiederaufbau wurde sie rund 100 Jahre später während des Dreißigjährigen Krieges endgültig zerstört. Ein Wiederaufbau erfolgte nicht. Die Ruine wechselte mehrfach den Besitzer und ist heute Privateigentum.

Jetzige Verwendung: Ausflugsziel, keine Bewirtschaftung.

Besichtigung: Jederzeit möglich, aber Unfallgefahr.

Lage: Nordöstlich von Ramberg, westlich von Weyher i. d. Pfalz.

Anfahrtswege: Deutsche Weinstraße bis Weyher i. d. Pfalz. Dann durch das Modenbachtal bis zum Parkplatz »Drei Buchen«. Die Ruine selbst ist nur zu Fuß erreichbar.

Wanderwege: Die topographische Karte mit Wanderwegen »Neustadt, Maikammer, Edenkoben, Landau«, Hrsg.: Landesvermessungsamt Rhld.-Pf., 1:25 000, kann beim Verkehrsamt Edenkoben gegen Kostenerstattung zzgl. Porto bezogen werden.

Auskünfte: Verkehrsamt Edenkoben, Weinstraße 86, 67480 Edenkoben, Telefon (06323) 3234.

Literatur: »Die Burgruinen des Ramberger Tales. Ramburg, Meistersel, Neuscharfeneck«, Tübingen 1977, 2., überarb. Aufl.. Die Broschüre kann vom Männergesangverein Ramberg, Postfach, 76857 Ramberg, bezogen werden.

HAMBACHER SCHLOSS

 Museum + exclusive Tagungsstätte
Anfragen: Telefon 06322 / 961 / 328
Museum ab 1. März bis 30. November
täglich geöffnet von 9-18 Uhr · Telefon 06321 / 30881

Rietburg

Um 1200 erbaut; erstmals 1204 urkundlich erwähnt als Besitz der Ritter von Riet. Nachdem 1255 Hermann von Riet die Tochter Herzog Ludwigs von Bayern gefangengesetzt hatte, zwangen die Truppen Ludwigs sowie die Städte Worms, Oppenheim und Mainz die Burg zur Übergabe. Sie wurde Reichslehen und Anfang des 14. Jahrhunderts an den Bischof von Speyer verkauft. Nach Zerstörungen im 15. und 16. Jahrhundert und Wiederaufbau durch wechselnde Besitzer erfolgte die endgültige Zerstörung im Dreißigjährigen Krieg. Seit 1822 im Besitz der Gemeinde Rhodt.

Jetzige Verwendung: Beliebtes Ausflugsziel. Bewirtschaftet von Karfreitag bis 1. November, täglich von 9-18 Uhr geöffnet. Höhengaststätte »Rietburg«, Telefon (06323) 2936.

Besichtigung: Teilweise möglich.

Lage: Bei Rhodt, Verbandsgemeinde Edenkoben.

Anfahrtswege: Bundesstraße 38 bis Edenkoben oder Edesheim. Dort Richtung Rhodt bzw. Schloß Ludwigshöhe, Rietburg. Ab Schloß Ludwigshöhe kann man mit einer Sesselbahn zur Rietburg fahren. Die Theresienstraße in Rhodt führt als befahrbarer Weg zur Burg.

Wanderwege: Ein Wanderweg ist ausgeschildert. Die topographische Karte mit Wanderwegen »Neustadt, Maikammer, Edenkoben, Landau«, Hrsg. Landesvermessungsamt Rhld.-Pf., kann vom Verkehrsamt Edenkoben gegen Kostenerstattung zzgl. Porto bezogen werden.

Auskünfte: Verkehrsamt Edenkoben, Weinstraße 86, 67480 Edenkoben, Telefon (06323) 3234.

Literatur: Eine knapp gefaßte Übersicht bietet »Die Rietburg über Rhodt bei Edenkoben / Weinstraße«, Faltblatt. Zu beziehen vom Verkehrsamt Edenkoben.

Schloß Neckarhausen

Erbaut 1823 / 24 von Alfred Graf von Oberndorff, einem Minister und Staatsrat des pfälzischen Kurfürsten Carl Theodor. Das hufeisenförmige Schloß öffnet sich zu einem Englischen Park, entworfen vom Hofarchitekten des Kurfürsten, Friedrich Ludwig von Sckell, der auch den Schwetzinger Schloßpark entwarf. Die 1873 und 1911 erfolgten Umbauten bestimmen das heutige Bild des Schlosses. Nachdem 1960 die Gemeinde Schloß und Park von Friedrich Graf von Oberndorff erworben hatte, ließ sie Ende der 70er Jahre das Schloß grundlegend renovieren.

 Für Rhein, Neckar und Odenwald!

Jetzige Verwendung: Rathaus, mit Übungs- und Vortragssälen lokaler Institutionen.

Besichtigungen: Eine Innenbesichtigung ist nur nach Vereinbarung möglich.

Veranstaltungen: Im Schloß finden auch Konzerte statt.

Lage: Im Stadtteil Neckarhausen, Hauptstr. 389.

Anfahrtswege: BAB 656 Mannheim-Heidelberg, Ausfahrt Mannheim-Seckenheim. B 37 Richtung Heidelberg / Edingen-Nekkarhausen; an der ersten Kreuzung links ab (Speyerer Straße), Richtung Neckarhausen. In der Ortsmitte, beim Hallenbad, gegenüber dem Schloß, befindet sich ein Parkplatz.

Auskünfte: Bürgermeisteramt Edingen-Neckarhausen, Hauptamt, Postfach 1228, 68535 Edingen-Neckarhausen, Telefon (0 62 03) 80 80.

Literatur: Eine hektographische Kurzinformation kann vom Bürgermeisteramt bezogen werden.

Madenburg

Treppenturm von 1593

Erbaut im frühen 11. Jahrhundert, wahrscheinlich als Reichsburg. Ursprünglich im Besitz Diemars von Trifels, gelangte die Burg um 1100 wieder an die Salier, die sich mit dem Speyerer Bischof den Besitz teilten. Als Vögte des Hochstifts Speyer sind auch die Staufer als Besitzer der Madenburg nachweisbar. Zu Beginn des 13. Jahrhunderts wurde das Lehen an die damaligen Landvögte im Speyergau, die Grafen von Leiningen, vergeben. Ab Mitte des 13. Jahrhunderts zählen Burg und Herrschaft zum Eigengut dieser Familie. Bis Anfang des 16. Jahrhunderts erfolgte ein häufiger Besitzwechsel (Pfandschaft, Verkauf, Ganerbensitz). 1516 Kauf durch den Speyerer Bischof und Pfalzgrafen Georg. Fortan Amtssitz des Hochstifts. Im Bauernkrieg ausgeplündert und ausgebrannt, wurde die Burg unter Bischof Philipp von Flörsheim neu aus- und umgebaut. Nach Abschluß dieser Arbeiten war sie zu einer der größten Burganlagen der Pfalz geworden. Gleichwohl konnte sie 1552 von Markgraf Albrecht von Brandenburg-Kulmbach besetzt und niedergebrannt werden. Im Dreißigjährigen Krieg durch wechselnde Besatzungen beschädigt und ab 1650 unter dem Bischof von Speyer not-

---

Zuständig für das Klima in der Kurpfalz

K+W KLIMAANLAGEN
RÜCKKÜHLANLAGEN
WÄRMERÜCKGEWINNUNG

KÄLTE + WÄRME Ges. f. Klimatechnik mbH.
Carl-Benz-Str. 17 · 68723 Schwetzingen · Tel. (0 62 02) 2 60 31

Wappenstein

dürftig wieder instandgesetzt. Endgültige Zerstörung durch die französischen Truppen 1689 im Pfälzischen Erbfolgekrieg. In der Folgezeit als Steinbruch benutzt. 1870 wurde der Madenburgverein gegründet, um den weiteren Verfall der Burg zu verhindern. In den folgenden Jahrzehnten wurden zahlreiche Konservierungs- und Sicherungsarbeiten vorgenommen. In den 50er und 60er Jahren dieses Jahrhunderts erfolgten weitreichende Ausbesserungs- und Sicherungsmaßnahmen.

Jetzige Verwendung: Ausflugsziel. Gaststätte geöffnet: April-Nov. ab 10 Uhr, Dez.-März ab 11 Uhr bis zum Einbruch der Dunkelheit. Montags Ruhetag. Madenburgschänke, Madenburgweg 3, 76831 Eschbach, Telefon (06345) 8672.

Besichtigung: Jederzeit möglich.

Lage: Südwestlich von Eschbach, südöstlich von Annweiler.

Anfahrtswege: Deutsche Weinstraße bis Eschbach. Ab Ortsmitte Auffahrt zum Parkplatz unterhalb der Bug, ab dort ca. 20 Min. Fußweg. Auffahrt zur Burg ist nur für Behinderte möglich.

Wanderwege: Eine Wander- und Radwanderkarte (Touristik-Karte Südpfalz, Maßstab 1:50 000) ist gegen eine Schutzgebühr beim Verkehrsamt der Verbandsgemeinde Landau-Land erhältlich.

Auskünfte: Verkehrsamt der Verbandsgemeinde Landau-Land, Rathaus, 76829 Leinsweiler, Telefon (06345) 3531.

Literatur: H. Heß, Die Madenburg, Landau. Die Broschüre ist beim Verkehrsamt erhältlich.

Stadtbefestigung Freinsheim

Bereits 1146 wird ein Wasserschloß, heutiges »Schlössel«, im Besitz der Ritter von Freinsheim urkundlich genannt. Als im 15. Jahrhundert Freinsheim an die Kurpfalz gelangte, wurde die Burg als Lehen über Jahrhunderte an wechselnde Geschlechter vergeben. Im Zuge des Ausbaus der Stadtbefestigung im 15. Jahrhundert verlor sie zunehmend an Bedeutung und auch an äußerer Attraktivität. Die Anlage wurde im Pfälzischen Erbfolgekrieg von den Franzosen zerstört, das heutige Hauptgebäude stammt aus dem vorigen Jahrhundert.

Die im 15. Jahrhundert errichtete Stadtbefestigung mit einer Vielzahl von Stadtmauer-

---

»Liselotte von der Pfalz«
Im Intrigenspiel des Versailler Hofes.
Eine neue Sichtweise über das Leben
der kurpfälzischen Prinzessin in Frankreich. DM 20,-
K. F. Schimper-Verlag · 68723 Schwetzingen

türmen und zwei Stadttoren war ursprünglich von einem Wassergraben und zusätzlich von einem Palisadenring umgeben. Im Pfälzischen Erbfolgekrieg wurde die Stadt 1689 von den Franzosen niedergebrannt, auch die Stadtbefestigung wurde beschädigt. Obzwar im Zuge des Wiederaufbaus der Stadt auch die Stadtbefestigungsanlagen repariert wurden, mußten insbesondere im 18. Jahrhundert starke Zerfallserscheinungen festgestellt werden. Im 19. Jahrhundert wurden einige der Stadtmauertürme abgetragen, zu den beiden Stadttoren durch Stadtmauerdurchbrüche weitere Zugangsmöglichkeiten geschaffen. Von der Befestigung sind heute noch wesentliche Teile enthalten: Das Vorwerk des östlichen Stadttores, das mächtige Eisentor (Anfang des 15. Jahrhunderts), Teile der Mauern, eine ganze Reihe der Mauertürme, Stadttore. Der mächtigste Mauerturm, auch »Herzogturm« genannt, war wohl ursprünglich ein Wohnturm, der wahrscheinlich von den Zweibrückener Herzögen errichtet wurde. Andere Türme wurden im Laufe der Zeit zu Wohntürmen umgebaut. Auch die beiden Stadttore waren bis vor kurzem bewohnt. Seit 1974 wurde die gesamte Anlage renoviert; Türme und Stadttore werden als Ferienwohnungen, Gaststätten, Casino etc. benutzt.

Besichtigung: Außenbesichtigung jederzeit möglich. Im Haintorturm befinden sich Casino und Gaststätten; im Hahnen-, Herzog- und Diebsturm können Ferienwohnungen angemietet werden; im von Busch-Hof, der Remise und dem Kelterhaus können Säle gemietet werden. Führungen (»Stadtmauer-Rundgang«) können vereinbart werden. Auskünfte: Fremdenverkehrsverein Freinsheim.

Veranstaltungen: Im von Busch-Hof finden Konzerte, Theateraufführungen, Ausstellungen etc. statt. Auskünfte: Fremdenverkehrsverein Freinsheim.

Lage: Freinsheim

Anfahrtswege: Von Grünstadt oder Bad Dürkheim aus B 271 bis Herxheim a. Berg, dann Landstraße. Ab Frankenthal oder Ludwigshafen Richtung Lambsheim, dort über Weisenheim a. Sand nach Freinsheim.

Wanderwege: »Die Wanderkarte der Verbandsgemeinde Freinsheim« (1:25 000) ist gegen eine Schutzgebühr beim Fremdenverkehrsverein Freinsheim erhältlich.

Auskünfte: Fremdenverkehrsverein der Verbandsgemeinde Freinsheim, Hauptstraße 2, 67251 Freinsheim, Telefon (06353) 50152.

Schloß Fußgönheim

Das Schloß wurde von 1731 bis 1740 vom Kurpfälzischen Hofkanzler Tilmann Jakob von Hallberg erbaut. Die vierflügelige Barockanlage blieb bis zur Zwangsversteigerung 1815 im Besitz der Familie von Hallberg. Anschließend wechselten die Besitzer sehr häufig, das Schloß wurde als Scheune, Zigarrenfabrik, Wohnhaus, Kriegsgefangenenlager etc. benutzt. Lediglich die Schloßkapelle blieb von diesem Schicksal verschont, da sie auch weiterhin als Pfarrkirche diente. Seit 1972 ist die Katholische Kirchengemeinde Eigentümerin des Schlosses. 1976 wurde die Anlage renoviert.

Jetzige Verwendung: Kirche und Museum.

Besichtigung: Innenbesichtigung und Führungen können vereinbart werden mit Herrn Karl Freidel.

Lage: Fußgönheim, Hauptstraße.

SCHWETZINGER FESTSPIELE

OPER, SCHAUSPIEL, BALLETT UND KONZERTE

ALLJÄHRLICH IN DER ZEIT
VON APRIL BIS JUNI

Karten und Informationen:
Geschäftsstelle der Schwetzinger Festspiele
68709 Schwetzingen - Postfach 1924 - Telefon 06202 / 4933

Anfahrtswege: BAB 650, Ludwigshafen-Bad Dürkheim, Abfahrt Ellerstadt/Fußgönheim.

Auskünfte: Heimat- und Kulturkreis Fußgönheim e.V., Im Schloß, 67136 Fußgönheim;
Verbandsgemeindeverwaltung Maxdorf, Hauptstraße 79, 67133 Maxdorf, Telefon (06237) 4010.

Festung Germersheim

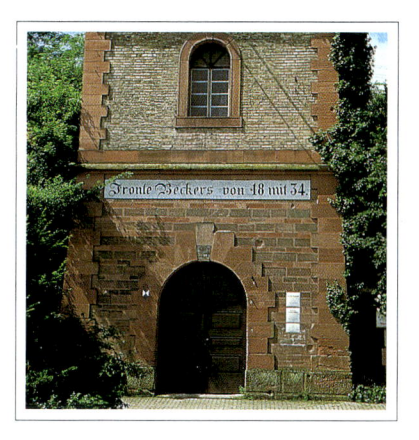

Kaiser Konrad II. ließ in der ersten Hälfte des 11. Jahrhunderts eine Burg erbauen - Schloß, Stadt und Befestigung wurden jedoch im Reichskrieg 1674 von den französischen Truppen dem Erdboden gleichgemacht. Nachdem französische Revolutionstruppen die Stadt besetzt hatten, legten sie 1794 Befestigungsanlagen an. Zum Schutz der südpfälzischen Grenze begann Bayern (an das nach dem Ende der Kurpfalz die linksrheinischen Gebiete gelangten) 1834 mit dem Bau einer Festung - dem letzten Festungsbau in Deutschland. Die Festung wurde nach dem Grabenwehr-System mit einer Hauptumfassung aus sieben Fronten und vorgeschobenen Forts errichtet. 1861 war sie fertiggestellt. Nach dem Ersten Weltkrieg mußte sie vertragsgemäß zerstört werden. Erhalten sind ein Abschnitt der »Fronte Beckers«, Kasernen, Zeughaus, Lazarett, das Ludwigstor sowie das Weißenburger Tor.

Jetzige Verwendung: Ein Teil der Kasernen und das Lazarett wird von der Bundeswehr benutzt.

Besichtigung: Außenbesichtigung möglich (außer Bundeswehranlagen). Führungen: Jeden 1. Sonntag im Monat findet eine Festungsführung kostenlos statt (10 Uhr); weitere Führungen können mit der Stadtverwaltung Germersheim abgesprochen werden.

Lage: Germersheim-Zentrum.

Anfahrtswege: B 9 nach Germersheim, die »Fronte Beckers« liegt an der B 9 und ist ausgeschildert.

Auskünfte: Stadtverwaltung Germersheim, Herr Hans, Stadthaus Kolpingplatz 3, 76726 Germersheim, Telefon (07274) 9600, auch Auskünfte/Absprachen für kostenlose Führungen.

Leininger Oberhof

Nach der Zerstörung ihrer Stammburgen Alt- und Neuleiningen Ende des 17. Jahrhunderts verlegten die Leininger ihre Resi-

---

TÄGLICH frühmorgens auf den Tisch

Die Zeitung — heute wichtiger denn je!

Vielgelesen - lebendig - aktuell

TAGESPOST

Speyer, Königsplatz

denz nach Grünstadt. Da der »Unterhof« für die Aufnahme der Hofhaltung der beiden neuen Linien zu klein war, errichtete Georg II. 1716 den »Oberhof«. Das neue Schloß war Anfang des 18. Jahrhunderts der stattlichste Bau in Grünstadt. Die barocke Anlage blieb bis zur französischen Revolution Sitz der Linie Leiningen-Westerburg-Neuleiningen. Nach dem Kauf durch die Stadt diente der Oberhof bis Ende der 70er Jahre unseres Jahrhunderts als Schule.

Jetzige Verwendung: Stadtbücherei und Nutzung durch Vereine.

Besichtigung: Außenbesichtigung möglich.

Lage: Grünstadt, Neugasse 2-4

Anfahrtswege: BAB 6 Mannheim-Kaiserslautern bis Grünstadt. B 271 Richtung Grünstadt - Zentrum. Die Neugasse mündet beim Oberhof in die Obergasse ein.

Auskünfte: Stadtverwaltung Grünstadt, Kreuzerweg 2, 67269 Grünstadt, Telefon (06359) 805223.

Literatur: Walter Lampert, 1100 Jahre Grünstadt, (Hrsg. Stadt Gründstadt), Grünstadt 1975.

Leininger Unterhof

Spottfiguren am Balkon

Nachdem die Stammschlösser Alt- und Neuleiningen Ende des 17. Jahrhunderts zerstört worden waren, richtete Philipp Ludwig Graf zu Leiningen-Westerburg-Rixingen um 1700 in Grünstadt das Lungenfelder Hofhaus als Residenz ein. Der »Unterhof« wurde zum Mittelpunkt der Leininger Hofhaltung und Verwaltung. Nach Philipp Ludwigs Tod 1705 übernahmen die Brüder Christian und Georg von der Linie Schaumburg gemeinsam sein Erbe und handelten einen Teilungsvertrag aus. Grünstadt blieb Residenz beider Grafen: Christian übernahm den »Unterhof«, Georg ließ den »Oberhof« bauen. Der Unterhof wurde unter dem Grafen Georg Hermann im 18. Jahrhundert zum eigentlichen Schloß umgebaut. Bis zur französischen Revolution verblieb die Anlage Alt-Leininger Eigentum. Von 1801 bis 1973 beherbergte sie eine Steingutfabrik.

Jetzige Verwendung: Wohnungen, Ärztepraxen.

Besichtigung: Nur Außenbesichtigung möglich.

Lage: Grünstadt, Obergasse 7.

Anfahrtswege: BAB 6, Mannheim-Kaiserslautern, bis Grünstadt, B 271 Richtung Grünstadt-Zentrum, die Obergasse mündet bei der Stadthalle als »Obersülzer Straße« in die B 271.

Auskünfte: Stadtverwaltung Grünstadt, Kreuzerweg 2, 67269 Grünstadt, Telefon (06359) 805223.

Literatur: Walter Lampert, 1100 Jahre Grünstadt (Hrsg. Stadt Grünstadt), Grünstadt 1975.

Burg Neuleiningen

Nach der Erbteilung der Grafschaft Leiningen baute Friedrich III. von Leiningen zwischen 1238 und 1241, etwa zugleich mit der gegenüberliegenden Burg Battenberg, Burg Neuleiningen. Am Berghang um die Burg entstand kurze Zeit später ein Dorf, das 1354 Stadtrechte erhielt und mit Ringmauer sowie Wehrtürmen versehen war. 1508 mußte Graf Reinhard I. die Hälfte der Burg und der Stadt vertraglich dem Bischof von Worms überlassen. Den Bauernkrieg von 1525 überstanden Burg und Ort dank der Klugheit von Gräfin Eva unbeschadet. Der knapp 100 Jahre später ausbrechende Dreißigjährige Krieg hinterließ zwar Spuren, führte aber nicht zur Zerstörung. Dies blieb dem Pfälzischen Erbfolgekrieg vorbehalten: 1690 wurden die Burg sowie der größte Teil der Stadt von französischen Truppen niedergebrannt. Zwar wollte der Graf von Leiningen die Burg wieder aufbauen, scheiterte mit diesem Wunsch aber am Widerstand seines Mitbesitzers, des Bischofs von Worms. In der Folgezeit wurde Burg Neuleiningen von den Bürgern der Stadt als Steinbruch benutzt. In den letzten Jahren ließ die Gemeinde Neuleiningen, der die Burg seit 1941 gehört, umfangreiche Absicherungs- und Renovierungsarbeiten durchführen.

Jetzige Verwendung: Beliebtes Ausflugsziel. Die »Burgschänke« befindet sich im Keller und im Turm der Burg. Öffnungszeiten: Täglich 12-14, 17-24 Uhr, samstags nur abends. Telefon (06359) 2934 und 5415.

Besichtigung: Jederzeit möglich, kostenlos. Führungen: Ortsführungen erfolgen nach Bedarf bzw. nach Vereinbarung. Auskunft: Herr Robert Siebecker, Konr.-Adenauer-Str. 14, 67271 Neuleiningen, Telefon (06359) 1510.

Veranstaltungen: Konzerte. Auskunft über Heimat- und Kulturverein e.V., Herr L. Müller, Untergasse 56, 67271 Neuleiningen, Telefon (06359) 82356.

Lage: Ca. 4 km südwestlich von Grünstadt; am Eingang des Leininger Tales auf einem Bergvorsprung.

Anfahrtswege: BAB 6, Viernheim-Kaiserslautern, Abfahrt Wattenheim, Landstraße Richtung Hettenleidelheim-Tiefenthal-Neuleiningen. Vom westlichen Dorfeingang direkt durch das Obere Stadttor, die Kirchgasse hoch bis zum Parkplatz im Burghof (ausgeschildert).

Wanderwege: Die »Wanderkarte Neuleininger und Battenberger Rundwanderwege« kann von der Gemeindeverwaltung Neuleiningen, Mittelstraße 46, 67269 Neuleiningen, Telefon (06359) 2315, oder von der Verbandsgemeindeverwaltung Grünstadt-Land, Industriestraße 11, 67296 Grünstadt, Telefon (06359) 80010 bezogen werden.

Auskünfte: Verbandsgemeindeverwaltung Grünstadt-Land, Industriestraße 11, 67296 Grünstadt, Telefon (06359) 800121.

Literatur: Hans Heiberger, Neuleiningen - Geschichte einer Bergfestung, Heidelberg 1989. Zu beziehen über die Verbandsgemeindeverwaltung Grünstadt.

Gesamtansicht Neuleiningen

STADTMUSEUM LUDWIGSHAFEN
RATHAUS-CENTER   67059 LUDWIGSHAFEN/RHEIN

Sammlungen zur Stadtgeschichte sowie Wechselausstellungen.
Nebenmuseum:
Schillerhaus in Oggersheim und K.-O.-Braun-Museum in Oppau.

Hardheimer Burg

Die beiden Hardheimer Burgen, »Obere« und »Untere« Burg, wurden wahrscheinlich Anfang des 13. Jahrhunderts erbaut - in Urkunden werden sie erstmals 1323 anläßlich einer Besitzteilung erwähnt. Die Untere Burg, deren Bergfried »Steinerner Turm« erhalten ist, war als Wertheimer (die Obere als Mainzer) Lehen im Besitz der Herren von Hardheim. Mitte des 15. Jahrhunderts war Konrad IV. aus finanziellen Gründen gezwungen, erste Teile der Unteren Burg zu verpfänden. Nachdem Horneck von Hornberg die Burg widerrechtlich als Unterschlupf benutzt hatte, um seine Raubzüge gegen das Hochstift Würzburg von hier zu organisieren, erstürmten 1444 Würzburger Truppen die Anlage. Eine Beseitigung der Schäden konnte Konrad IV. nicht finanzieren - im Gegenteil: 1447 mußte er die noch nicht verpfändete Hälfte an Würzburg verkaufen. Die Burg verfiel weiter und wurde schon 1595 als »altes, verfallenes, wüstes« Gebäude bezeichnet.
Der erhaltene Bergfried wird ab 1989 restauriert.

Jetzige Verwendung: Kulturdenkmal.

Besichtigung: Jederzeit möglich.

Lage: Zentrum Hardheim, zwischen Holzgasse und Riedstraße.

Anfahrtswege: B 37/B27, Burgenstraße, nach Hardheim.

Auskünfte: Verkehrsamt der Gemeinde Hardheim, Schloßplatz 6, 74736 Hardheim, Telefon (06283) 5826.

Literatur: Robert Hensle, Der »Steinerne Turm«, in: Hardheim, Perle des Erftales (Hrsg. Gemeinde Hardheim), Hardheim 1988. Diese Ortschronik kann vom Verkehrsamt Hardheim bezogen werden.

Hardheimer Schloß

Die »Obere Burg« wurde wahrscheinlich Anfang des 13. Jahrhunderts erbaut. Sie lag als Mainzer Lehen in Händen der Herren von Hardheim. Im Bauernkrieg 1525 wurde die Anlage zwar geplündert, aber nicht beschädigt. Wolf von Hardheim und Margret von Berlichingen ließen um 1560 das alte »obere« Schloß abreißen und 1561 ein neues, mit Stilelementen der Spätgotik und der Frührainessance, errichten. Das Schloß selbst war mit einem Wassergraben umgeben, mit wuchtigen Türmen und Schießscharten versehen - wohl auch noch als Verteidigungsanlage gedacht. Der durch eine Brücke mit dem Schloß verbundene Vorhof mit Wirtschaftsgebäuden und Marstall, (um 1550 erbaut/noch vorhanden) wurde gleichzeitig durch Wassergräben sowie Mauern geschützt. Mit Wolf von

Parks und Gärten im Rhein-Neckar-Dreieck

Hardheim starb das Hardheimer Rittergeschlecht 1607 aus. Nach langwierigen Erbauseinandersetzungen zwischen Würzburg, Mainz, dem Grafen von Wertheim und den Erben der Hardheimer wurde 1630 durch das Reichskammergericht im wesentlichen zu Gunsten Würzburgs entschieden. Das Schloß ging an Würzburg; das bereits seit 100 Jahren bestehende würzburgische Amt Hardheim erhielt seine endgültige Organisation. 1803 gelangte es an das Fürstentum Leiningen, 1806 dann an das Großherzogtum Baden. Das Schloß wurde 1858 von der Gemeinde gekauft und als Schule, seit 1927 als Sitz der Gemeindeverwaltung benutzt. 1985-1988 wurde die Anlage restauriert.

Jetzige Verwendung: Rathaus.

Besichtigung: Eine kostenlose Innenbesichtigung kann mit dem Verkehrsamt Hardheim vereinbart werden.

Veranstaltungen: Schloßkonzerte und offizielle Empfänge. Auskünfte: Verkehrsamt Hardheim.

Lage:
Ortszentrum Hardheim, Schloßplatz 6.

Anfahrtswege: B 37 / B 27 nach Hardheim-Ortsmitte.

Auskünfte: Verkehrsamt der Gemeinde Hardheim, Schloßplatz 6, 74736 Hardheim, Telefon (06283) 5826.

Literatur: Robert Hensle, Der Hardheimer Schloßbau von 1561, in: Hardheim, Perle des Erfatales, Hrsg. Gemeinde Hardheim, Hardheim 1988. Diese Ortschronik kann vom Verkehrsverein Hardheim bezogen werden.

Front mit Brückentor

Burg Schweinberg

Um 1100 oder 1200 (strittig) erbaut. Als erste Besitzer einer Schweinberger Burg wird 1098 das edelfreie Geschlecht de Swenenburg urkundlich erwähnt, ab 1168 wird Konrad von Boxberg genannt. Ende des 13. Jahrhunderts wurden Burg und Stadt Würzburger Lehen, da Rupertus von Boxberg-Schweinberg sein Amt als Erbkämmerer des Bistums Würzburg behalten und gleichzeitig seine mit diesem Amt verbundene Burg Boxberg verschenken wollte. Burg Schweinberg und das an sie gebundene Erbkämmereramt gelangten Anfang des 14. Jahrhunderts an die Grafen von Wertheim. Erbstreitigkeiten zwischen dem Fürstbischof von Würzburg und seinem Erbkämmerer Michael von Wertheim führten 1437 zur Eroberung und Brandschatzung der Burg. Gut hundert Jahre später erlosch die Linie der Grafen von Wertheim, Erbkämmereramt und Burg gingen an den Vater der Witwe Michaels III. und - nach dessen Tod 1574 - an den Freiherrn von Crichingen. Da dieser kinderlos war, vererbte er seine Besitzungen dem Hochstift Würzburg. Da keine Erhaltungsarbeiten durchgeführt wurden, zerfiel Burg Schweinberg und wurde schon 1633 als baufällig bezeichnet. In der Folgezeit diente sie als Steinbruch. Der Bergfried wurde 1974 restauriert. Ein erhaltenes romanisches Palasfenster befindet sich im Landesmuseum Karlsruhe.

Ein Führer
durch die 170 schönsten Garten- und Parkanlagen
links und rechts des Rheins.
Ca. 300 Seiten, über 300 Farbfotos.
K. F. Schimper

Jetzige Verwendung: Kulturdenkmal.

Besichtigung: Jederzeit möglich.

Lage: Im Hardheimer Ortsteil Schweinberg, Burgweg.

Anfahrtswege: B 37/B 27, Burgenstraße, nach Hardheim-Schweinberg.

Literatur: Alois Horn, Das Würzburgisch-Wertheimische Amt Schweinberg, in: Hardheim, Perle des Erftales (Hrsg. Gemeinde Hardheim), Hardheim 1988. Diese Ortschronik kann vom Verkehrsamt Hardheim bezogen werden.

Burg Guttenberg

Sehr gut erhaltene Burg aus der Stauferzeit. 1330 wurde das Reichsgut von Kaiser Ludwig an den Pfalzgrafen Rudolf II. verpfändet, bald darauf erscheint die Burg als bischöflich-wormsisches Lehen. 1449 an Hans von Gemmingen verkauft, blieb sie bis heute im Besitz der Freiherren von Gemmingen-Guttenberg. Im Burgmuseum befinden sich viele Zeugnisse der Burggeschichte.

Jetzige Verwendung: Beliebtes Ausflugsziel mit Burgschenke (Restaurant, Gesellschaftsräume, Burgkapelle für Hochzeiten), Deutsche Greifenwarte, Burg- und Holzmuseum sowie im ehemaligen Marstallgebäude unterhalb der Burg dem Deutschen Kleinwagenmuseum.

Besichtigungen: Burgschenke Burg Guttenberg: Geöffnet von März bis Anfang November, Montag Ruhetag. Auskünfte: Burgschenke Burg Guttenberg, Burgstraße 1, 74855 Haßmersheim, Telefon (06266) 228.
Deutsche Greifenwarte: Geöffnet von März bis November, 9-18 Uhr. Flugvorführungen 11 und 15 Uhr. Eintrittspreise: Erwachsene DM 6,-, Kinder DM 3,-. Gruppen ab 25 Personen DM 5,-/je Person. Auskünfte: Deutsche Greifenwarte, Burgstraße, 6954 Haßmersheim, Telefon (06266) 38828.
Burg- und Holzmuseum: Geöffnet von März bis November, 9-18 Uhr. Eintrittspreis DM 3,-. Der Eintrittspreis schließt eine Besichtigung des Westflügels und des Turmes ein.
Deutsches Kleinwagenmuseum: Ehemaliges Marstallgebäude der Burg, ganzjährig geöffnet, außer montags. März-Oktober 10-17 Uhr, November-Februar nur nachmittags. Eintrittspreise Erwachsene DM 3,-, Kinder DM 1,50. Gruppen ab 10 Personen erhalten Ermäßigung. Auskünfte: Deutsches Kleinwagenmuseum, Burg Guttenberg, 74855 Haßmersheim, Telefon (06266) 1744.

Anfahrtswege: B 27/B 37, Burgenstraße, bis Haßmersheim, u. U. Autofähre Haßmersheim benutzen, bzw. Haßmersheim-Neckarmühlbach. Oder: BAB 6, Mannheim-Stuttgart, Abfahrt Bad Rappenau. Über Bad Rappenau nach Neckarmühlbach - Zufahrtsmöglichkeit direkt zur Burg.

Wanderwege: Die »Wanderkarte Haßmersheim-Hüffenhardt« (1:25 000), Hrsg. Gemeindeverwaltung Haßmersheim, ist beim Bürgermeisteramt Haßmersheim, Theodor-Heuss-Str. 45, 74855 Haßmersheim, Telefon (06266) 566 oder in den örtlichen Geschäften erhältlich.

Deutsches Kleinwagenmuseum

MUSEUMSFÜHRER Rhein-Neckar-Kreis

Alles Wissenswerte - Exponate, Adressen, Wegbeschreibungen, Parkplätze, Öffnungszeiten, Eintrittspreise - über 62 Museen im Rhein-Neckar-Kreis und in den Städten Heidelberg und Mannheim.
K. F. Schimper-Verlag

Schloß Hochhausen

Gut erhaltener Herrensitz aus dem 18. Jahrhundert mit dem Charakter eines Barock-Schlosses. In seiner heutigen Form entstand Schloß Hochhausen 1770 unter dem Freiherrn Damian Hugo von Helmstatt. Von der zuvor bestehenden Burg sind einige Reste erhalten, z.B. der Erker an der äußeren Ecke im Norden. Seit 1259 bischöflich-speyerisches Eigentum, wurden Burg und Dorf Hochhausen ab Ende des 13. Jahrhunderts den Herren von Horneck zu Lehen gegeben. Die Familie Horneck von Hornberg gab 1748 das Lehen an den Bischof von Speyer zurück, der drei Jahre später die Freiherren Damian Hugo und Johann Ferdinand Josef von Helmstatt mit dem Besitz belehnte.

Jetzige Verwendung: Seit 1953 dient ein Teil des Schlosses als Gästehaus der Familie des Grafen von Helmstatt-Riederer. Hausgäste werden während des ganzen Jahres aufgenommen.

Auskünfte: Dieter Graf von Helmstatt, Schloß Hochhausen, Schloßweg 3, 74855 Haßmersheim, Telefon (0 62 61) 89 31 42.

Besichtigung: Nur von außen bzw. als Hausgast.

Anfahrtswege: B 27 / B 37, Burgenstraße, bis Haßmersheim benutzen.

Oder: BAB 6, Mannheim-Stuttgart, Abfahrt Bad Rappenau. Über Bad Rappenau, Neckarmühlbach. Hotelgäste können direkt auf dem Grundstück parken.

Wanderwege: Die »Wanderkarte Haßmersheim-Hüffenhardt« (1:25 000) Hrsg. Gemeindeverwaltung Haßmersheim, ist beim Bürgermeisteramt Haßmersheim, Theodor-Heuss-Str. 45, 74855 Haßmersheim, Telefon (0 62 66) 5 66, oder in den örtlichen Geschäften erhältlich.

Heidelberger Schloß

Die Burg wurde in der 2. Hälfte des 12. Jahrhunderts unter dem Pfalzgrafen Konrad von Staufen errichtet und blieb, mit Unterbrechungen, bis 1720 pfalzgräfliche bzw. kurpfälzische Residenz. Die ursprüngliche Burganlage wich den vielen Um- und Anbauten im 16. Jahrhundert durch die Kurfürsten Ludwig V., Friedrich II. und Ottheinrich. Friedrich V., der »Winterkönig«, ließ Anfang des 17. Jahrhunderts den berühmten Hortus Palatinus, einen Garten auf fünf Ebenen, anlegen. Im Dreißigjährigen Krieg wurde das Schloß 1622 von Tilly eingenommen und beschädigt, die berühmte Bibliotheca Palatina 1623 von Maximilian von Bayern nach München abtransportiert und dem Vatikan gegeben. Ab 1649 wurde die Residenz unter Karl Ludwig wieder aufgebaut. Im Pfälzischen Erbfolgekrieg ließ der französische Befehlshaber Mélac das Hei-

---

GALERIA PALATINA
Jährlich zwei Ausstellungen
Stadtansichten und Landkarten aus der Region
sowie Klassische Moderne ständig an Lager
Hildastaße 12 · 69115 Heidelberg · Telefon 0 62 21 / 16 85 88

Ottheinrichsbau

Gesprengter Pulverturm

delberger Schloß 1689 sprengen und abbrennen. Bei der neuerlichen Einnahme Heidelbergs durch die Franzosen 1693 ließ Mélac die Ruine nochmals sprengen. Die Ruine wurde nicht wieder aufgebaut, Kurfürst Karl Philipp verlegte 1720 die Residenz nach Mannheim. Das Heidelberger Schloß ist seit der Romantik wohl die berühmteste Ruine Deutschlands.

Jetzige Verwendung: International beliebtes Ausflugsziel.

Besichtigung: Tägliche Führungen durch die Innenräume, 9-17 Uhr.

Veranstaltungen: Schloßspiele im Juli/August, Vorträge, Konzerte, Sonder-Ausstellungen.

Lage: Oberhalb der Stadt, mit der Bergbahn oder zu Fuß, 15 Minuten, erreichbar.

Anfahrtswege: BAB 5 Darmstadt/Karlsruhe, Ausfahrt Heidelberg. Im Innenstadtb-

reich der Ausschilderung folgen. Keine direkte Zufahrt möglich.

Auskünfte: Verkehrsverein Heidelberg e.V., Tourist-Information, Am Hauptbahnhof, 69115 Heidelberg, Telefon (06221) 21341, 27735.

Literatur: Adolf von Oechselhänger »Das Heidelberger Schloß«, Schloßführer.

Kaminzimmer Friedrichsbau

ARNO WINTERBERG

KUNSTAUKTIONEN im APRIL und OKTOBER

Gemälde · Aquarelle · Zeichnungen
und Graphik des 15. bis 20. Jahrhunderts

HILDASTRASSE 12 · 69115 HEIDELBERG · TELEFON 06221/22631

Tiefburg Handschuhsheim

Mitten im Siedlungskern steht eine Wasserburg, die wegen ihrer Lage Tiefburg genannt wird. Ein zwölf Meter breiter Graben umgibt sie. Die ringsum geschlossen erhaltene Mauer aus dem 13. und 14. Jahrhundert umfaßt ein Quadrat von etwa dreißig mal dreißig Metern. Über einem rundum in der Mauer erhaltenen Rundbogenfries, der im Innern einen Wehrgang trug, ragen die Zinnen auf. Inmitten des Burghofs steht das wiederaufgebaute und restaurierte Herrenhaus aus dem 14. Jahrhundert. Es ist dreigeschossig und trägt ein einfaches Satteldach. Solche durchaus ländlichen Formen darf man auch beim Kemenatenbau vermuten, der sich im Südwesten an die Mauer anlehnte. Der Palas zog sich an der Ostmauer entlang. Er ragte mit einem teilweise noch vorhandenen spätgotischen Anbau und einem Treppenturm nach Süden aus der Mauer heraus. Der nach Süden vorkragende spätgotische Erker, dessen Erdgeschoßraum von einem Sterngewölbe überzogen wird, diente als Burgkapelle. In jenem Raum stieß der Besitzer im Jahre 1770 auf eine in die Wand eingemauerte geharnischte Gestalt, die auf diese etwas absonderliche Art stehend bestattet worden war. Es läßt sich denken, daß sich die gruseligen Geschichten im Lauf der Zeit um diesen »eingemauerten Ritter« rankten.

Im Herrenhaus, das mitten im Hof auf einem tonnengewölbten Keller steht, findet man die Ritterstube. Ein an der Außenseite liegender hölzerner Treppenaufgang führt in den Rittersaal, der heute Vereinszimmer ist, und darüber befindet sich das Archiv der Tiefburg.

Jetzige Verwendung: Veranstaltungen, Feste.

Besichtigung:
Dienstag und Freitag, 16.30 - 18.30 Uhr.

Lage: Heidelberg, Ortsteil Handschuhsheim / Marktplatz.

Anfahrtswege: B 3 in nördlicher Richtung nach Handschuhsheim, siehe Ausschilderung. Straßenbahn Linie 1 ab Hauptbahnhof, Linie 3 ab Bismarckplatz (Zentrum).

Auskünfte: Stadtteilverein Handschuhsheim, Martin Hornig, Kleine Löbingsgasse 8, 69121 Heidelberg.

Literatur: »Heidelberg«, Günter Heinemann, Prestel Verlag.

Hemsbacher Schloß

Nachdem der Kurpfälzische Regierungsrat Franz Blesen 1763 die alte Burganlage gekauft hatte, ließ er im rückwärtigen Teil ein Gutshaus im Stil einer italienischen Villa errichten. Rund 70 Jahre später erwarb Freiherr Carl Mayer von Rothschild das

---

Das historische Restaurant im Herzen der Heidelberger Altstadt mit deutscher und internationaler Küche und einem kleinen Museum. Für den besonderen Anlaß halten wir 26 verschiedene Abendveranstaltungen bereit.

Zum Güldenen Schaf
Hauptstraße 115 · 69117 Heidelberg · Tel. 06221 / 20879

Gebäude, ließ ein viertes Geschoß aufsetzen, Türme bauen und den Park erweitern. Die Anlage wechselte öfter den Eigentümer, bis 1925 die Gemeinde das Anwesen kaufte. Seitdem dient das Schloß als Rathaus.

Jetzige Verwendung: Rathaus.

Besichtigung: Nur Außenbesichtigung möglich.

Lage: Hemsbach, Schloßgasse 41.

Anfahrtsweg: BAB 5 Frankfurt-Basel, oder B 3, Abfahrt Hemsbach. Die Schloßgasse mündet in die B 3.

Auskünfte: Stadtverwaltung Hemsbach, Abt. Öffentlichkeitsarbeit, 69502 Hemsbach/Bergstraße, Telefon (06201) 70726.

Hemsbacher Burg

Die Wasserburg, von der heute nur noch das Ritterhaus erhalten ist, wurde wahrscheinlich in der ersten Hälfte des 13. Jahrhunderts erbaut (1264 erstmals urkundlich erwähnt). Der Vorposten der Pfalzgrafen gelangte bei der Pfälzer Teilung 1410 an die Mosbacher Linie. Pfalzgraf Otto verkaufte Burg und Ort Mitte des 15. Jahrhunderts an das Bistum Worms. In der Folgezeit benutzten die Wormser Bischöfe die Burg als

Biergarten

Außenresidenz und beliebten Verhandlungsort. Zwar wurde die Anlage Anfang des 16. Jahrhunderts geplündert, doch entstanden keine weiteren Schäden. Im Dreißigjährigen Krieg wurde die Burg zwar erheblich beschädigt, zerstört jedoch wurde sie im Reichskrieg gegen Frankreich bzw. im Pfälzischen Erbfolgekrieg Ende des Jahrhunderts. 1705 gelangte die notdürftig reparierte Burg wieder an Kurpfalz. Nachdem der Kurpfälzische Regierungsrat Franz Blesen 1763 das Anwesen gekauft hatte, ließ er im rückwärtigen Teil ein Gutshaus erbauen (Mittelteil des heutigen Schlosses). Das Burggut gelangte später an verschiedene Besitzer, wurde aufgeteilt und die Reste der alten Burg verschwanden stückweise. Nur das Ritterhaus »Zehntscheuer« blieb erhalten.

Jetzige Verwendung: Brauerei, Restaurants, Biergarten.

Besichtigung: Besichtigung möglich während der Öffnungszeiten.

Lage: Hemsbach, Hildastraße.

Anfahrtsweg: BAB 5 Frankfurt-Basel, oder B 3, Abfahrt Hemsbach. Hüttenfelder bzw. Beethovenstraße bis Einmündung Grabenstraße. Die Grabenstraße geht in die Hildastraße über.

Auskünfte: Stadtverwaltung Hemsbach, Abt. Öffentlichkeitsarbeit, 69502 Hemsbach/Bergstraße, Telefon (06201) 70726.

Heppenheimer Stadtschloß

Unter dem letzten Burggrafen, dem Freiherrn von und zu der Hees, wurde um 1700 ein Stadtschloß errichtet, nachdem 1693 das vorhergehende Gebäude, der Rodensteiner Hof, abgebrannt war. 1825 erwarb die Stadt das Gebäude, um eine Schule und ein Krankenhaus unterzubringen.

Jetzige Verwendung: Grundschule.

Besichtigung: Jederzeit mit Ausnahme der Schulferien. Im Rahmen von Altstadtführungen (nach Vereinbarung) ist auch eine Führung möglich. Auskünfte/Anmeldung: Verkehrsbüro Heppenheim.

Lage: Im Altstadtbezirk von Heppenheim, Schulgasse 1.

Anfahrtswege: BAB 5 Frankfurt-Basel, Abfahrt Heppenheim. Über die B 3 bzw. B 460 nach Heppenheim-Zentrum. Die Altstadt ist ausgeschildert.

Wanderwege: Der »Stadt- und Wanderplan Heppenheim an der Bergstraße« (1:15 000) ist beim Verkehrsbüro der Stadt erhältlich.

Auskünfte: Magistrat der Stadt Heppenheim, Verkehrsbüro, Großer Markt 3, 64646 Heppenheim/Bergstraße, Telefon (06252) 13171.

Literatur: Albert Allgöwer, Heppenheim an der Bergstraße mit seiner Starkenburg, Tübingen o. D. Die Broschüre kann vom Verkehrsbüro Heppenheim bezogen werden.

Kurmainzer Amtshof

Um 1292 durch den Kurfürsten von Mainz als Verwaltungssitz des Oberamts Starkenburg und Außenresidenz gegründet. Der Amtssitz wurde burgähnlich ummauert, ein Wehrgang umzog den ganzen Bering. Um den Hof gruppieren sich die Gebäude. Der große Kurfürstensaal nahm das ganze Obergeschoß des Palas ein. Hier leistete Erzbischof Dieter I. von Erbach den Amtseid als Kanzler auf Kaiser Sigismund. Die Pfalzgrafen benutzten den Hof während ihrer Herrschaft ebenfalls als Außenresidenz. In ihre Zeit fallen wesentliche Umbauten. Im Pfälzischen Erbfolgekrieg wurde der Amtshof von den französischen Truppen niedergebrannt. Ein Wiederaufbau erfolgte aus Geldmangel nur teilweise. Im 19. Jahrhundert wurden die Ruinen des Westflügels abgerissen, die anderen Gebäudeteile verkamen. Erste Renovierungen wurden 1930 vorgenommen. 1948 fand im Amtshof die Gründungsversammlung der Bundes-FDP statt. In den 50er Jahren wurden die Gebäude umfassend restauriert.

»Zauberhafte Bergstraße«
Ein Führer entlang der »Riviera Deutschlands« mit vielen Farbfotos und ausführlichen Beschreibungen der Städte und Gemeinden   DM 15,-

K. F. Schimper-Verlag · 68723 Schwetzingen

Jetzige Verwendung: Museum, Restaurant, städt. Dienststellen, Ausstellungs- und Veranstaltungsräume.

Besichtigung: In Verbindung mit einer Stadtführung sonntags 10.30 Uhr, ab April bis Oktober - kostenlos.
Kurfürsten- und Wappensaal nach vorheriger Vereinbarung.
Volks- und Heimatmuseum: April - Oktober. Sonn- und Feiertage 10-12 Uhr, 14-16.30 Uhr. Dienstags, donnerstags, samstag 14-17 Uhr, Eintritt frei.
Auskünfte/Anmeldung: Verkehrsbüro Heppenheim.

Veranstaltungen: Im Innenhof regelmäßige Veranstaltungen.
Heppenheimer Festspiele, Ende Juli - Anfang September.
Bergsträßer Weinmarkt, letztes Juniwochenende bis erstes Juliwochenende.
Konzert, Tagungen, Ausstellungen etc. in den Sälen und Räumen.

Lage: Ortsmitte Heppenheim, Altstadt/Amtsgasse 5.

Anfahrtswege: BAB 5 Frankfurt-Basel, Abfahrt Heppenheim. B 460 Richtung Heppenheim; Lorscher Straße bis Postplatz, dort links in die Darmstädter Straße. Erste Straße rechts (Lehrstraße), über den Kleinen Markt in die Siegfriedstraße. Die erste Straße rechts ist die Amtsgasse.

Wanderwege: Der »Stadt- und Wanderplan Heppenheim an der Bergstraße« (1:15 000) weist auch Wandervorschläge aus. Zu beziehen beim Verkehrsbüro der Stadt Heppenheim und bei den örtlichen Buchhandlungen.

Auskünfte: Magistrat der Stadt Heppenheim, Verkehrsbüro, Großer Markt 3, 64646 Heppenheim/Bergstraße, Telefon (06252) 13171.

Literatur: Albert Allgöwer, Heppenheim an der Bergstraße mit seiner Starkenburg, Tübingen (o. D.). Die Broschüre kann vom Verkehrsbüro Heppenheim bezogen werden.

Starkenburg

Im 11. Jahrhundert als wichtigste Befestigung zum Schutz von Kloster Lorsch durch Abt Udalrich gegründet. Die 1065 wahrscheinlich aus Holz bestehende Anlage wurde um die Jahrhundertwende durch mächtige Verteidigungsanlagen aus Stein ersetzt. Nachdem Kaiser Friedrich II. Heppenheim und Lorsch 1232 dem Erzbistum Mainz übertragen hatte, kaufte der Erzbischof im gleichen Jahr auch die Starkenburg. Von Kurmainz eingesetzte Burggrafen verwalteten die Burg und standen an der Spitze der ständigen Besatzung. Ende des 14., Anfang des 15. Jahrhunderts wurde die Anlage ausgebaut und verstärkt. Obzwar die Burg selbst nicht angegriffen bzw. erobert worden war, verpfändete Kurmainz nach der Schlacht von Pfeddersheim 1460 das Oberamt Starkenburg samt Burg und den Städten Heppenheim, Bensheim und Mörlenbach an den pfälzischen Kurfürsten Friedrich I. »Der Siegreiche«. Die starke Festung hielt auch in der Folgezeit Belagerungen stand, so z.B. 1504 durch den Landgrafen Wilhelm von Hessen. Erst im Dreißigjährigen Krieg wurde sie erobert: 1621 besetzten spanische Heere sie und beendeten damit auch die Herrschaft von Kurpfalz. Nach Beendigung des Krieges wurden die Befestigungsanlagen modernisiert und neue Gebäude errichtet. Im Pfälzischen Erbfolgekrieg war sie stark genug, um einer einjährigen französischen Belagerung zu widerstehen. Trotzdem begann in

---

Rhein-Neckar Fernsehen
ZEIG'S MIR!

dieser Zeit der Verfall, da Kurmainz kein Geld aufbringen konnte, um notwendige Reparaturen zu bezahlen. 1765 wurde die Besatzung abgezogen, kurz darauf begann die offizielle Ausschlachtung. 1803 gelangte das Oberamt an Hessen-Darmstadt, das in den folgenden Jahren die Ruine durch Instandhaltungs- und Reparaturarbeiten vor dem endgültigen Verfall rettete. Zwar mußte 1924 der Bergfried gesprengt werden, doch schon im darauffolgenden Jahr begann der Bau des neuen Turms. In den 50er Jahren wurden die Schäden aus dem 2. Weltkrieg behoben.

Jetzige Verwendung: Jugendherberge; beliebtes Ausflugsziel, Aussichtsturm und Burgcafé.

Besichtigung: Besichtigung der Burganlage jederzeit möglich. Der Aussichtsturm ist geöffnet von Ostern bis Ende September an Sonn- und Feiertagen zwischen 14 und 18 Uhr. Führungen sind nach Vereinbarung möglich. Eintrittsgebühren für den Aussichtsturm Erwachsene DM -.50, Schüler, Studenten, Gruppen DM -,30.

Veranstaltungen: Im Unteren Burghof finden Veranstaltungen und Ausstellungen statt.

Lage: Oberhalb Heppenheims.

Anfahrtswege: BAB 5 Frankfurt-Basel, Abfahrt Heppenheim. B 460 Richtung Heppenheim; Lorscher Straße bis Ende, links, dann 1. Straße rechts (Lehrstraße). Am Kl. Markt links in den Starkenburgweg. Dieser führt zur Ruine. Oder Bundesstraße 3 bis Lehrstraße (rechts), ab da am Kl. Markt links in den Starkenburgweg (ab Kreuzung B3/B 460 ausgeschildert).

Wanderwege: Der »Stadt- und Wanderplan Heppenheim an der Bergstraße« (1:15 000) weist auch Wandervorschläge aus. Zu beziehen beim Verkehrsbüro der Stadt Heppenheim, Großer Markt 3, 64646 Heppenheim/Bergstraße, Telefon (06252) 13171 und im Heppenheimer Buchhandel.

Auskünfte: Magistrat der Stadt Heppenheim, Verkehrsbüro, Großer Markt 3, 64646 Heppenheim/Bergstraße, Telefon (06252) 13171.

Jugendherberge Heppenheim, Herr Strahl, Starkenburgweg, 64646 Heppenheim, Telefon (06252) 77323.

Literatur: Albert Allgöwer, Heppenheim an der Bergstraße mit seiner Starkenburg, Tübingen (o. D.). Die Broschüre kann vom Verkehrsbüro Heppenheim bezogen werden.

Villa Wieser

Die »Villa Wieser« wurde 1856/57 nach den Originalplänen eines französischen Landschlößchens im Zentrum von Herxheim erbaut. Ihren Namen erhielt sie nach dem letzten privaten Besitzer. Seit 1981 ist die Gemeinde Herxheim Eigentümerin.

Jetzige Verwendung: Kulturelle Veranstaltungen; Weinprobierkeller, geöffnet nach Bedarf.

Besichtigung: Außenbesichtigung jederzeit möglich; Innenbesichtigung nur während kultureller Veranstaltungen.

Veranstaltungen: Kulturwoche, Kammerkonzerte, Liederabende, Kleinkunst.

Lage:
Zentrum Herxheim, Obere Hauptstr. 3.

Anfahrtswege: BAB 65 Ludwigshafen-Wörth, Abfahrt Rohrbach oder Insheim. L 493 nach Herxheim. Die L 493 führt in Herxheim durch das Zentrum »Obere Hauptstraße«.

Auskünfte: Verbandsgemeindeverwaltung Herxheim, Obere Hauptstraße 2, 67273 Herxheim, Telefon (07276) 50119.

Schloß Kleinniedesheim

Erbaut 1733-1736 vom Kurkölnischen Geheimrat von Steffne. Anschließend gelangte das Schloß wahrscheinlich in den Besitz des Dompropstes von Worms, Maudrai. 1765 kaufte Freiherr von Gagern die Besitzung. Zwanzig Jahre später wurde das »Probst Maudraische Schloß« umgebaut und erweitert. Heute stellt es eine Vierflügelanlage um einen rechteckigen Innenhof dar.

Jetzige Verwendung: Rathaus, private Nutzung.

Besichtigung: Innenbesichtigung nur bei Veranstaltungen möglich, ein Teil des Schlosses befindet sich in Privatbesitz.

Lage: In Kleinniedesheim, Großniedesheimer Str. 1.

Anfahrtswege: Von Frankenthal über Heßheim, Heuchelheim, Großniedesheim. Von Worms über Weinsheim oder Bobenheim-Roxheim (B 9) nach Kleinniedesheim. Das Schloß ist in der Ortsmitte.

Auskünfte: Herr Ortsbürgermeister Nobert Buch, Wormser Gäßchen 15, 67259 Kleinniedesheim, Telefon (06239) 1326.
Verbandsgemeinde Heßheim, Hauptstraße 36-38, 67258 Heßheim, Telefon (06233) 7947.

Literatur: »Schloß Kleinniedesheim«. Umgestaltung und Renovierung 1985-1988«, Hrsg. Verbandsgemeinde Heßheim, Heßheim 1988.

Schloß Wiser

Erbaut im Jahre 1710 durch den bedeutenden Baumeister jener Zeit, den aus Vorarlberg stammenden Johann Jakob Richter. Der Bau wurde erstellt auf oder hinter dem Grund und Boden des früheren, im Jahre 1688 zerstörten Bettendorffschen Adelshofes. Es ist zu vermuten, daß kurz zuvor Graf von Wiser diese Ruine käuflich erworben hat. Die Fassade entspricht dem damaligen oberitalienischen Stil. Man kann von einem Übergang der Renaissanceform zum Barock sprechen.

Jetzige Verwendung: Das Schloß ist heute noch von den Grafen von Wiser bewohnt.

Lage: Mitte Ortsteil Leutershausen.

Kloster Maulbronn

Anfahrtswege: BAB 5 Abfahrt Hirschberg, Ortsteil Leutershausen. B 3 von Heidelberg kommend Richtung Darmstadt bzw. umgekehrt.

Auskünfte: Bürgermeisteramt Hirschberg, Rathaus, 69493 Hirschberg/Bergstraße, Telefon (06201) 59800.

Literatur: »Heimatbuch Leutershausen an der Bergstraße« von Josef Fresin. Zur Zeit vergriffen. Vorhanden in der Gemeindebibliothek Fenchelstr. 13, 69493 Hirschberg-Leutershausen.

Hirschburg

1142 wird die Hirschburg erstmals mit ihrem Besitzer Konrad von Hirschberg urkundlich erwähnt. Möglicherweise war sie einige Jahre zuvor durch den Lorscher Vogt Bertholf, unter Billigung des Pfalzgrafen, oder aber durch den Grafen von Lauffen errichtet worden. Die Herren von Hirschberg blieben bis zur Zerstörung der Burg ihre Besitzer. Bereits im Jahre 1323 wurde die Hirschburg in einer Urkunde als »zerbrochene«, also zerstörte Burg bezeichnet. Über die Zerstörung liegen keine Daten vor. Es scheint möglich, daß Pfalzgraf Ludwig II. im Zuge seiner Auseinandersetzung mit dem Bischof und der Stadt Worms um das Erbe von Kloster Lorsch, die Hirschburg, die Worms unterstützte, zerstörte - vielleicht auch 1284, als er Heinrich von Hirschberg auf der Dilsburg gefangenhielt. Als andere Möglichkeit wird der Krieg König Albrechts von Habsburg gegen die rheinischen Kurfürsten, insbesondere gegen den Pfälzer, in den Jahren 1301/1302 aufgewiesen. Da Weinheim und Bensheim von Albrecht eingenommen wurden, könnte er bei dieser Gelegenheit auch die Hirschburg zerstört haben. Sie wurde nicht wieder aufgebaut.

Jetzige Verwendung: Ausflugsziel, nicht bewirtschaftet. Bei der Ruine wurde eine Burgbeschreibung angebracht.

Besichtigung: Jederzeit möglich.

Lage: Bei Hirschberg-Leutershausen, im Wald bei Leutershausen.

Anfahrtsweg: Bundesstraße 3 oder BAB 5 Frankfurt-Basel, Abfahrt Hirschberg nach Hirschberg-Leutershausen.

Wanderwege: Eine »Rund-Wanderwege-Karte« kann vom Rathaus Leutershausen, Hauptamt, Zimmer 15, kostenlos bezogen werden. Vom Wanderparkplatz führt ein ca. 3 km langer Spaziergang zur Restruine.

Auskünfte: Bürgermeisteramt Hirschberg a. d. Bergstraße, Postfach 1120, 69493 Hirschberg/Bergstr., Telefon (06201) 59800.

Schloß Hirschhorn

In Maulbronn steht die am vollständigsten erhaltene und eindrucksvollste Klosteranlage des Mittelalters nördlich der Alpen. Sie ist ein Dokument mönchischen Geistes der Zisterzienser, die 390 Jahre lang bis 1537 hier lebten und wirkten.

Die Kernburg von Hirschhorn wurde um 1200 von den Herren von Hirschhorn, die wahrscheinlich mit den Harfenbergern eng verwandt waren, gegründet. Gemessen an anderen Burganlagen des beginnenden 13. Jahrhunderts war die Hirschhorner Kernburg zwar klein, doch ausgesprochen gut befestigt. Mit dem Aufstieg des Hirschhorner Geschlechts im 14. Jahrhundert unter Engelhard I. war auch eine wesentliche Vergrößerung und Verstärkung der Stammburg verbunden. Schon 1364 aber mußten seine Söhne die Burg vom Erzstift Mainz zu Lehen nehmen. Bis zum Aussterben der Hirschhorner 1632 blieben Burg und Stadt Mainzer Lehen. Anfang des 15. Jahrhunderts erfolgte ein neuer Aufstieg: Hans V. wurde vom Pfälzischen Kurfürsten 1403 mit Burg Zwingenberg belehnt und baute die Burg wieder auf. Zwingenberg blieb im wesentlichen bis 1632 Teil der Herrschaft Hirschhorn. 1580 begann Ludwig von Hirschhorn mit dem Umbau der Stammburg: der mittelalterliche Palas wurde abgerissen, ein neuer im Renaissancestil errichtet. 1586 war der Umbau beendet. Als 1632 die Linie Hirschhorn ausstarb, zog Kurmainz Burg und Stadt als Lehen ein, ab 1700 wurde die Burg als Sitz Mainzer Amtsleute benutzt. Teile der Anlage verfielen, da keine Erhaltungsarbeiten durchgeführt wurden. Auch als Burg und Stadt 1803 hessisch geworden waren, schritt der Verfall weiter fort. Erst als nach dem 2. Weltkrieg ein Hotel in die Anlage einzog, wurden Erhaltungs- und Restaurierungsarbeiten vorgenommen.

Jetzige Verwendung: Burghotel und beliebtes Ausflugsziel. (Schloßhotel Hirschhorn, 69434 Hirschhorn, Telefon (06272) 1373, 2332). Der Hotel- und Restaurationsbetrieb ist von Anf. Februar bis Mitte Dezember geöffnet.

Besichtigung: Eine Besichtigung der Burganlage und des Aussichtsturmes ist möglich. Führungen werden von Mitte Juni bis Mitte September samstags um 10 Uhr kostenlos durchgeführt. Außerhalb dieses Termins können Führungen vereinbart werden.

Veranstaltungen: Tagungen und Konzerte.

Lage: Über der Stadt Hirschhorn.

Anfahrtswege: B 37, Burgenstraße, bis Hirschhorn. In Hirschhorn: Grabengasse, Hainbrunner Straße. Die Zufahrt zum Schloß ist ausgeschildert. Parkplätze beim Schloß.

Wanderwege: Die »Wanderkarte Hirschhorn« (1:25 000) ist beim Verkehrsamt zu beziehen. Ein Spaziergang ab Stadtmitte dauert rund 20 Minuten, leicht ansteigend. Fußwege durch die Altstadt sind anstregend, Dauer 30 Minuten.

Auskünfte: Verkehrsamt Hirschhorn, Alleeweg 2, 69434 Hirschhorn, Telefon (06272) 1742.

Literatur: Robert Irschlinger, Zur Geschichte der Herren von Hirschhorn, Michelstadt 1969, DM 6,-.
Hirschhorn/Neckar 773-1973, Hrsg. Magister der Stadt Hirschhorn, Eberbach 1973, DM 15.-.
Alfred Röder, Von Ersheim zu Hirschhorn, Hirschhorn 1984, DM 6,-.
Eberhard Lohmann, Die Herrschaft Hirschhorn, Darmstadt-Marburg 1986, DM 50.-.
Alle Bücher können über das Verkehrsamt Hirschhorn bezogen werden.

Schloß Ilvesheim

Der Anlage nach ist das Ilvesheimer Schloß eine alte Wasserburg - wie diese ausgesehen hat, ist heute nicht mehr nachweisbar.

Goldene Pfanne
- Speiserestaurant -
das Haus mit familiärer Atmosphäre
Gastraum 60 Plätze · Kaminzimmer 50 Plätze
Wir begrüßen Sie gerne in
69434 Hirschhorn - Perle des Neckartals -
Ch. und U. Roh · Telefon 06272 / 1410

Nachgewiesen ist erst der Neubau von 1511, die Erlenburg, unter Hans von Erligheim. Die Junker von Erligheim waren 1358 von den Pfalzgrafen mit dem Schloßgut Ilvesheim samt den Rechten der Ortsherrschaft belehnt worden, nach dem Tod des letzten Erligheimers 1550 übernahmen die Landschad von Steinach das Lehen allein. Im Pfälzischen Erbfolgekrieg zerstörten 1689 französische Truppen das Schloß. Von 1700 an ließ Lothar Friedrich von Hundheim, der kurz zuvor von Kurfürst Johann Wilhelm belehnt worden war, das Schloß in barocken Formen wieder aufbauen. Die Flügelbauten entstanden zwischen 1750 und 1773. 1855 übernahm der badische Staat das Schloß. 1868 wurde die Staatliche Blindenschule mit Internat im Schloß untergebracht.

Jetzige Verwendung: Staatliche Blindenschule für Seh- und Mehrfachbehinderte.

Besichtigung: Nur Außenbesichtigung möglich.

Auskünfte: Bürgermeisteramt Ilvesheim, Schloßstr. 9, 68549 Ilvesheim, Telefon (0621) 496600.

Anfahrtswege: Zwischen Mannheim-Seckenheim und Ladenburg, L 542. Ortsdurchfahrt Ilvesheim, Schloßstraße 23.

Literatur: Hansjörg Probst, Ilvesheim im Wandel der Zeit. Ein historisches Bilderbuch, Ilvesheim 1983.

»Bischofshof«

Die Burg der Bischöfe von Worms in Ladenburg entstand wahrscheinlich vor dem 13. Jahrhundert unter Verwendung des Steinmaterials und des Fundaments eines römischen Baus. Der »Bischofshof« wurde im 14. und 15. Jahrhundert zeitweise als Hauptresidenz der Bischöfe benutzt, ansonsten bis 1705 als Nebenresidenz. Vom 14. bis zum 16. Jahrhundert wurde die Anlage sporadisch erweitert bzw. umge-

Wappen über dem Eingangsportal   Reste des Pfaffenturms

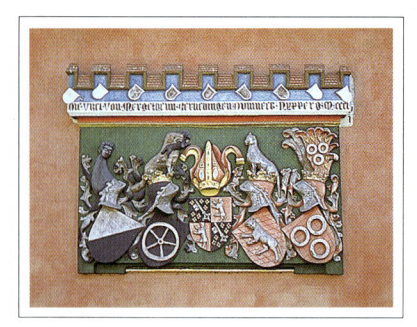

Bischöfliche Wappen an der Fassade

baut. Nachdem das Schloß sowohl im Dreißigjährigen- als auch im Pfälzischen Erbfolgekrieg in Mitleidenschaft gezogen worden war, diente es ab dem 18. Jahrhundert als Landschreiberei bzw. Amtshaus. Die Umbauten des 16. und 17. Jahrhunderts verliehen der ehemaligen Burg den Charakter eines Herrensitzes im Renaissance-Stil.

Jetzige Verwendung: Museum, Lobdengau-Museum, Archäologie, Volkskultur, Stadtgeschichte.

Besichtigung: Außen- und Innenbesichtigung möglich.

Anfahrtswege: BAB 5 Frankfurt-Basel, Abf. Ladenburg, oder B 3, Abf. Ladenburg, Bundesstraße bis Ladenburg.

Auskünfte: Bürgermeisteramt Ladenburg, Hauptstraße 7, 68526 Ladenburg, Telefon (06203) 700.

Burg Elmstein

Sie stammt aus dem 12. Jahrhundert, bezog einst die Häuser im Tal in ihre Mauern ein, wurde 1525 von den Kleeburger Bauern geplündert und 1688 von den Franzosen zerstört.
Heute ist sie in Privatbesitz.

Auskünfte: Verbandsgemeindeverwaltung Lambrecht, Sommerbergstraße 3, 67466 Lambrecht, Telefon (06325) 1810

Burg Erfenstein

»Zauberhafte Bergstraße«
Ein Führer entlang der »Riviera Deutschlands« mit vielen Farbfotos und ausführlichen Beschreibungen der Städte und Gemeinden　　　DM 15,-
K. F. Schimper-Verlag · 68723 Schwetzingen

Die Burg wurde Mitte des 13. Jahrhunderts von den Grafen von Leiningen angelegt. Damit sicherten sie sich das obere Speyerbachtal und den umliegenden reichen Waldbesitz. Die Burg wurde 1470 im Streit zwischen Zweibrücken und Kurpfalz zerstört und nicht wieder aufgebaut. Von der zerstörten Hauptburg ragt der rechteckige, ca. 10 Meter hohe, nicht zugängliche Burgfried hervor. Den Felsen umgeben Reste der Ringmauer. Weiter oberhalb befinden sich die Reste einer zweiten, kleineren Burg mit Halbgraben und überwachsenen Steintrümmern. Wahrscheinlich handelte es sich dabei um eine Vorfestung zur Hauptburg. Die Bauformen deuten auf keinen größeren Zeitunterschied zwischen der Entstehung von Ober- und Hauptburg, doch scheint die Oberburg früher aufgelassen und verfallen.

Besichtigung:
Außen- und Innenbesichtigung möglich.

Auskünfte: Verbandsgemeindeverwaltung Lambrecht, Sommerbergstraße 3, 67466 Lambrecht, Telefon (06325) 1810

Burg Neidenfels

Die Burg Neidenfels wurde nach 1229 durch den Pfalzgrafen Rudolf den II. zum Schutze der Wälder und der Straße sowie zum Aufenthalt bei Jagden errichtet.
Sie steht über den aus ihren Gemäuern gefügten alten Weinbergs-Terrassen.

Auskünfte: Verbandsgemeindeverwaltung Lambrecht, Sommerbergstraße 3, 67466 Lambrecht, Telefon (06325) 1810

Lambsheimer Schloß

Das Schloß wurde wahrscheinlich Ende des 15. Jahrhunderts bzw. Anfang des 16. Jahrhunderts durch Ritter Validus Heinrich von Meckenheim erbaut. Das Schloß blieb bis 1702 Eigentum der Familie, dann wurde es an General von Efferen verkauft. Nach dessen Tod 1724 ging die Anlage an den Kurfürstlichen Obristjägermeister von Hacke über, der das zweite Stockwerk und das barocke Türmchen bauen ließ. 1823 ersteigerte die Gemeinde das Gebäude und brachte für mehr als 100 Jahre eine Schule unter.

Jetzige Verwendung: Verwaltungsgebäude und Gemeindebücherei.

Außenbesichtigung: Möglich.

Lage: Zentrum Lambsheim, Junkergasse 1.

Denken Sie daran, auch UNICEF, das Kinderhilfswerk der Vereinten Nationen, braucht Ihre Hilfe.
Spenden-Konto 300000
bei allen Banken, Sparkassen
Postämtern

Lambsheim / Lampertheim

Anfahrtswege: Von Frankenthal oder Maxdorf Landstraße nach Lambsheim. Zentrum Lambsheim: Hauptstraße/Jungergasse.

Auskünfte: Gemeindeverwaltung Lambsheim, Hauptstraße 35, 67245 Lambsheim, Telefon (06233) 51090.

Literatur: Die Gemeinde hat einen kurzen Abriß der Geschichte der »Schloßschule« hergestellt (hektographiert).

Neuschloß

Ehemaliges Jagdschloß. Erbaut ca. 1463-1468 unter dem pfälzischen Kurfürsten Friedrich I. »Der Siegreiche«.
Erstmals im Bayerischen Erbfolgekrieg 1504 zerstört; nach dem Wiederaufbau ein weiteres Mal im Dreißigjährigen Krieg zerstört. Kein Wiederaufbau. 1829-1927 Produktionsstätte einer chemischen Fabrik.

Jetzige Verwendung: Erhalten ist der »Wirtschafts- und Beamtenbau« des Jagdschlosses. In ihm befinden sich städtische Wohnungen und ein Jugendclub.

Besichtigung: Außenbesichtigung möglich.

Lage: Lampertheimer Stadtteil Neuschloß: An der Landstraße 3110, zwischen Erlenweg und Lorscher Straße.

Anfahrtswege: Von Lampertheim aus: Landstraße 3110 Richtung Hemsbach. BAB 5 Frankfurt-Basel: Abfahrt Hemsbach, Richtung Lampertheim.

Auskünfte: Magistrat der Stadt Lampertheim, Römerstraße 102, 68623 Lampertheim, Telefon (06256) 501209.

Literatur: H. F. Karb, Das Kurpfälzische Jagdschloß Neuschloß (hektographiertes Manuskript). Das Manuskript kann - gegen einen Kostenbeitrag - angefordert werden beim Magistrat der Stadt Lampertheim, Stadtarchiv.

Schloß Rennhof

Gutsschloß. Erbaut 1853 durch Carl Mayer Freiherr von Rothschild. Privater Wohnsitz bis 1953.

Jetzige Verwendung: Litauisches Gymnasium mit angeschlossenem Internat.

Besichtigung: Nur Außenbesichtigung möglich.

Lage: Lampertheimer Ortsteil Hüttenfeld (an der Lorscher Straße).

Anfahrtswege: Von Lampertheim aus: Landstraße 3110 Richtung Hemsbach,

Feste Dilsberg

über Neuschloß hinaus. Von der BAB 5 Frankfurt-Basel aus: Abfahrt Hemsbach, Richtung Lampertheim.

Auskünfte: Litauisches Gymnasium, Schloß Rennhof, 68623 Lampertheim, Telefon (06256) 322, 1641.

Literatur: H. F. Karb, Die Gründung der Siedlung Hüttenfeld, ihre Vorgeschichte und Entwicklung zum Stadtteil von Lampertheim, hektographisches MS, 1978. Das Manuskript kann gegen einen Kostenbeitrag angefordert werden beim Magistrat der Stadt Lampertheim, Stadtarchiv, Römerstraße 102, 6840 Lampertheim.

Festung Landau

Galeerenturm

Landau besaß bereits im 11. bzw. 12. Jahrhundert unter den Staufern eine Reichsburg, diese wurde jedoch bereits Mitte des 13. Jahrhunderts, wahrscheinlich während des Interregnums, zerstört. Ende des gleichen Jahrhunderts ließ König Adolf von Nassau eine neue Reichsburg, wahrscheinlich auf dem Gelände der alten errichten, doch schon einige Jahre später baten die Bürger der seit 1291 freien Reichsstadt um Abbruch, da sie die Steine zum Bau der Stadtmauer verwenden wollten. Der Burgturm, heute Galeerenturm, blieb stehen. Die bereits vorhandene Stadtmauer wurde Anfang des 14. Jahrhunderts durch eine zweite äußere Mauer mit 25 Türmen sowie den Stadttoren ergänzt. Landau gehörte seit 1511 zum Elsässischen 10-Städte-Bund, wurde im 17. Jahrhundert unter den Schutz Frankreichs gestellt und 1688-91 nach Plänen von Vauban zur stärksten Festung ausgebaut. 1815 mußte Frankreich Landau an Bayern abtreten. 1871 wurde die Festung geschleift. Erhalten sind von der mittelalterlichen Anlage der Galeerenturm, von der französischen Festung das Deutsche Tor, das Französische Tor sowie das Fort.

Besichtigung: Jederzeit möglich. Führungen (im Rahmen von Stadtführungen), können mit dem Verkehrsamt Landau vereinbart werden. Sonderführungen der Festung können mit dem Stadtarchiv, Marienring, 76829 Landau, Telefon (06341(13297, vereinbart werden.

Lage: Zentrum Landau. Galeerenturm Waffenstraße, Fort Hindenburgstraße, Deutsches Tor Nordring, Französisches Tor Reiterstraße.

Anfahrtswege: BAB 65 / B 38, B 272, B 10 nach Landau. In Landau zum Meßplatz, ausgeschildert, dort parken.

Wanderwege: Eine Karte mit Rundgangvorschlägen kann kostenlos vom Verkehrsamt bezogen werden.

Auskünfte: Verkehrsamt Landau, Büro für Tourismus, Rathaus, 76829 Landau, Telefon (06341) 13301.

Die Feste Dilsberg, am Neckar gelegen, bietet den reizvollen Rahmen für Konzerte und Theateraufführungen.

Schloß Langenzell

Mitte des 19. Jahrhunderts wurde der südliche Teil mit Turm von Feldmarschall Fürst Wrede erbaut. Die Besitzung ging über die Gräfin von Reichenbach-Lessonitz auf ihre Tochter Pauline, die den Prinzen Alfred zu Löwenstein-Wertheim-Freudenberg heiratete, über.
Nach 1880 wurde das Schloß unter der Leitung Seiner Durchlaucht Prinz zu Löwenstein-Wertheim-Freudenberg durch Architekt Schäfer aus Darmstadt, der sich selbst auch eine Villa in Langenzell gebaut hat, erweitert. Mitten im großen Park steht heute das Schloß in der Pracht und im Baustil des ausgehenden 19. Jahrhunderts und ist in seiner ehemaligen Ausführung noch vollständig erhalten. Heute beherbergt das Schloß ein Industrieunternehmen; eine Besichtigung ist daher nicht möglich.

Jetzige Verwendung: Privatbesitz.

Lage: Wiesenbach, Langenzell Nr. 25.

Anfahrtswege: B 37 Burgenstraße bis Neckargemünd, dort auf die B 45, Richtung Mauer. Nach Wiesenbach, das Schloß liegt im Ortsteil Langenzell.

Auskünfte: Fürstlich Löwenstein-Wertheim-Freudenberg'sche Domänenverwaltung, Postfach 1264, 97877 Wertheim am Main 1.

Palais Seligmann

Der Bau des Palais wurde um 1795 durch den Kurfürstlichen Hofbankier Aaron Elias Seligmann begonnen, die Fertigstellung wird auf 1798 datiert. Die Familie Seligmann, die 1814 geadelt wurde (von Eichthal) verkaufte das Anwesen 1832. 1841 erwarb die Gemeinde das Schloß, das in der Folgezeit als Rathaus diente.

Jetzige Verwendung: Rathaus / Wohnhaus.

Besichtigung: Außenbesichtigung möglich.

Lage: Stadtmitte Leimen.

Anfahrtswege: Bundesstraße 3 zwischen Heidelberg und Wiesloch. Ortskern Leimen, Rathausstraße 6-8.

Auskünfte: Stadtverwaltung Leimen, Rathausstr. 6-8, 69181 Leimen, Telefon (0 62 24) 70 40.

Literatur: Georg Ludwig Menzer, Beiträge zur Ortsgeschichte der Gemeinde Leimen, Mannheim 1949.

SCHWETZINGER FESTSPIELE

OPER, SCHAUSPIEL, BALLETT UND KONZERTE

ALLJÄHRLICH IN DER ZEIT
VON APRIL BIS JUNI

Karten und Informationen:
Geschäftsstelle der Schwetzinger Festspiele
68709 Schwetzingen - Postfach 1924 - Telefon 06202 / 49 33

Burg Lindenfels

Schon um 1080 wird eine Burg »Slirburc« urkundlich erwähnt - wahrscheinlich eine Erd-Holz-Befestigung. Als Erbauer der jetzigen Burg wird Pfalzgraf Konrad von Staufen, der Halbbruder Kaiser Friedrichs I., Barbarossa, vermutet. Die Anlage wurde in der Folgezeit zu einem Zentrum, zum Ausgangspunkt kurpfälzischer Politik im Odenwald. Die Burg wurde kontinuierlich ausgebaut: Im 14. Jahrhundert, als die Stadtmauer als Folge der Stadtrechtsverleihung errichtet wurde, im 15. Jahrhundert, als die romanische Kernburg zur Festung ausgebaut wurde, und im 16. Jahrhundert als Folge kriegerischer Verwicklungen. Obwohl Burg Lindenfels mehrmals von fremden Truppen besetzt war, im 14. und 16. Jahrhundert sowie im Dreißigjährigen Krieg, wurde sie doch nicht zerstört. Die kurpfälzische Amtsburg verfiel im 18. Jahrhundert, die Anlage wurde zunehmend als Steinbruch benutzt. Erste Erhaltungs- und Restaurierungsarbeiten erfolgten Ende des vorigen Jahrhunderts. In den letzten 30 Jahren wurden kontinuierlich Sicherungs- und Erhaltungsmaßnahmen durchgeführt.

Jetzige Verwendung: Beliebtes Ausflugsziel, nicht bewirtschaftet.

Besichtigung: Jederzeit möglich. Führungen werden von März bis Oktober jeden Dienstag um 10 Uhr im Rahmen des historischen Stadtrundgangs vom Verkehrsamt angeboten. Zwischen November und Februar keine Eintrittsgebühren. Gruppenführungen können mit dem Verkehrsamt vereinbart werden. Mindestteilnehmerzahl 20 Personen, Kosten pro Person, einschl. Museumsbesuch DM 2,-.

Veranstaltungen: Burg- und Trachtenfest am 1. Augustwochenende; ein bis zwei Theateraufführungen.

Lage: Lindenfels/Odw., Schloßwaldweg.

Anfahrtswege: Bundesstraße 47, Nibelungenstraße, nach Lindenfels. Die B 47 führt durch den Ort. Ortsmitte: Abzweigen in die Burgstraße, Parkplatz Burgstraße. Zu Fuß zur Burg, ca. 5-10 Minuten.

Wanderwege: Vielfältige Wandermöglichkeiten. Die Wanderkarte »Lindenfels/Odenwald« (1:30 000) kann vom Verkehrsamt Lindenfels bezogen werden.

Auskünfte: Verkehrsamt Lindenfels/Odw., Rathaus am Kurgarten, 64678 Lindenfels/Odw., Telefon (06255) 2425.

Literatur: Hans H. Weber: Bauten, Landschaft, Geschichte - Lindenfelser Hefte, Bd. IV, Lindenfels 1986. Zu beziehen über das Verkehrsamt Lindenfels.

Schloß Lohrbach

MUSEUMS FÜHRER Rheinpfalz/Südhessen

Alles Wissenswerte - Exponate, Adressen, Wegbeschreibungen, Parkplätze, Öffnungszeiten, Eintrittspreise - über 52 Museen in der Vorderen Pfalz und in Südhessen.
K. F. Schimper-Verlag

Die Wasserburg gelangte um das Jahr 1000 als Lehen an die Grafen von Lauffen. Nach dem Aussterben dieser Linie übergab Kaiser Friedrich II. die Veste an die Herren von Dürn; 1251 dann gingen Burg und Ort an die Schenken von Limpurg. Finanzielle Schwierigkeiten zwangen Friedrich Schenk von Limpurg 1413, Lohrbach und Veste an Pfalzgraf Otto I. von Mosbach zu verkaufen. Das Schloß wurde Sitz eines Kellers. Mit dem Rückfall der Besitzungen der Linie Pfalz-Mosbach gelangte 1499 auch Lohrbach an die Kurpfalz. Ab Anfang des 16. Jahrhunderts, insbesonderes aber ab 1572, wurde die Anlage erweitert und umgebaut, der Fürstenbau und andere Gebäude errichtet. Ab 1577 diente das Schloß als Witwensitz der Kurfürstin Amalia. Nach Auflösung der Kurpfalz gelangte Lohrbach in den Besitz der Fürsten von Leiningen, die Anfang des 19. Jahrhunderts Umbauten vornehmen und hierfür Teile der alten Anlage abreißen ließen. Nachdem in den 50er Jahren unseres Jahrhunderts Schloß Lohrbach stark vernachlässigt worden war, begann man Anfang der 60er Jahre mit einer Restaurierung.

Jetzige Verwendung: Private Nutzung.

Besichtigung: Nur Außenbesichtigung möglich.

Lage: Im Mosbacher Stadtteil Lohrbach.

Anfahrtswege: B 37 / B 27 nach Mosbach. Ab Mosbach Landstraße zum Stadtteil Lohrbach.

Auskünfte: Verkehrsamt Mosbach, Rathaus, 74821 Mosbach, Telefon (06261) 82236.

Literatur: Leonhard Mezler, Lorbach - 1200 Jahre Heimatgeschichte (765-1965), Hrsg. Gemeinde Lohrbach, Mosbach 1965.

Kloster Lorsch

Das Benediktinerkloster wurde 764 gegründet, zunächst auf dem Landgut Laurisham. Schon 3 Jahre später reichte der Platz nicht mehr aus und das Kloster wurde in der Nähe neu aufgebaut. Angeschlossen war eine Königspfalz, die insbesondere von Karl dem Großen und Ludwig dem Deutschen häufig aufgesucht wurde. Zur Einweihung des Klosters erschien Karl der Große mit großem Gefolge - Lorsch stand unter seiner besonderen Obhut und wurde zum reichsfreien Kloster erhoben. Durch umfangreiche Schenkungen dehnten sich Besitz und Einfluß der Abtei in den folgenden Jahrhunderten stark aus. Burgen wie Windeck und Starkenburg dienten ihrem Schutz, bekannte Adligengeschlechter wurden belehnt. Das Kloster besaß eine der größten und wertvollsten Bibliotheken des frühen Mittelalters, als Teil der Bibliotheca Palatina wurde sie im Dreißigjährigen Krieg von den Bayern beschlagnahmt, nach München gebracht und dann dem Vatikan übergeben. Im 12. Jahrhundert, als die Lorscher Macht bereits zurückging, wurde der berühmte Lorscher Kodex zusammengestellt, in dem der Lorscher Grundbesitz mit den Schekungs- und Kaufurkunden ab 764 beschrieben und registriert ist. 1232 wurde Lorsch dem Erzbistum Mainz unterstellt; die Benediktiner mußten die Abtei verlassen und Prämonstratenser zogen ein. 1461 verpfändete Kurmainz seine Besitzungen an der Bergstraße und damit auch Lorsch an

Rhein Tauber Literatur
Brühlstraße 57, Postfach 1347
69207 Sandhausen
Telefon 0 62 24 / 28 69

Kurpfalz, die 1556 die Reformation einführte und das Kloster ein paar Jahre später aufhob. Obzwar das Kloster während der Reformationszeit verlassen worden war, seine Gebäude anderen Zwecken dienten und die Anlage einen verwahrlosten Eindruck machte, war der gesamte Klosterbereich noch 1619 völlig intakt. Als jedoch die Spanier 1621 von der Bergstraße abzogen, wurde Lorsch geplündert und niedergebrannt. Nach Ende des Dreißigjährigen Krieges gelangte die Abtei wieder an Kurmainz, zerfiel weiter und wurde ausgeschlachtet. Lediglich die »Königshalle« blieb unversehrt - dieser älteste vollständig erhaltene Steinbau Deutschlands der nachrömischen Zeit vermittelt heute noch einen hervorragenden Eindruck der karolingischen Baukunst.
1991 wurde das Kloster Lorsch in die Liste des Weltkultur- und Naturerbes aufgenommen.

Jetzige Verwendung: Museum.

Besichtigung: März - Oktober 10-12, 13-16 Uhr; November - Februar 10-12, 13-15 Uhr, täglich außer montags.
Die letzte Führung findet jeweils 1 Stunde vor Schließung statt.
Auskünfte: Herr Erwin Wagner, Nibelungenstraße 32, 64653 Lorsch, Telefon (06251) 51446.

Veranstaltungen: Einmal jährlich eine Aufführung vor der Königshalle, Auskunft: Herr B. Adrian, Zierapfelstraße 3, 64653 Lorsch.

Lage: Stadtzentrum Lorsch, Benediktinerplatz.

Anfahrtswege: BAB 67, Abfahrt Lorsch, BAB 5, Abfahrt Bensheim oder Heppenheim, B 47 oder B 460 Richtung Lorsch.

Auskünfte: Kultur- und Verkehrsamt, Marktplatz 1, 64653 Lorsch, Telefon (06251) 596750-51.

Kapitell an der Königshalle

Schlößchen St. Martin

Johann Hundt von Saulheim ließ Ende des 16. Jahrhunderts in St. Martin einen Herrschaftssitz erbauen. Der Gebäudekomplex bestand ursprünglich aus drei Häusern, von denen zwei erhalten sind. Schon im Dreißigjährigen Krieg wurde das Schloß erheblich beschädigt: Reparaturen und Umbauten veränderten die alte Anlage. Während der napoleonischen Zeit wurde der ehemalige Stammsitz von Bürgerlichen gekauft.
Im Ortskern befindet sich noch eine zweiflügelige Renaissance-Anlage. Der alte Adelssitz in St. Martin gehörte bereits Cuno von Altdorf (genannt von Cropsberg), ging dann im 16. Jahrhundert auf die bischöflich-speyerischen Landrichter, die Schlichterer von Erphenstein, über. Nach dem Ableben der Herren von Altdorf und der Schlichteter von Erphenstein belehnte Fürstbischof Marquart die Familie Hundt von Saulheim mit dem Anwesen.

Jetzige Verwendung: Privatbesitz (Weingüter, Wohngebäude).

Besichtigung: Außenbesichtigung möglich. Führungen, im Rahmen von Ortsführungen, können mit dem Verkehrsamt St. Martin vereinbart werden.

Lage: Innerhalb von St. Martin, »Schlößchen«, Maikammerer Str. 5-7, Adelshof, Emserstraße 4.

Maikammer 64

Anfahrtswege: Von Edenkoben über Maikammer nach St. Martin, Deutsche Weinstraße.

Wanderwege: Sehr gute Wandermöglichkeiten. Die Wanderkarte »Neustadt a. d. W., Maikammer, Edenkoben, Landau«, 1:25 000, Hrsg. Landesvermessungsamt Rhld.-Pf., ist im Buchhandel erhältlich.

Auskünfte: Zur Geschichte: Frau Cäcilia Ziegler, Edenkobener Str. 36, 67487 St. Martin.
Führungen: Verkehrsamt St. Martin, Tanzstraße, 67487 Maikammer-St. Martin, Telefon (06323) 5300.

Kropsburg

Um 1200 als Gemeinschaftsburg verschiedener adliger Familien entstanden, kamen Burg und Dorf etwas später in den alleinigen Besitz der Speyerer Bischöfe. Diese setzten die Geschlechter von Kropsburg, von Ochsenstein, von Odenbach und andere Lehensleute ein. 1441 gelangte die Burganlage in den alleinigen Besitz der Freiherrn von Dalberg. Im Bauernkrieg von 1525 und im Dreißigjährigen Krieg entstanden nur leichte Schäden. Im Pfälzischen Erbfolgekrieg jedoch zerstörten die französischen Heere 1689 die Burg völlig. Bis Mitte des vorigen Jahrhunderts vorwiegend als Steinbruch benutzt. Buckelsteine der Kropsburg wurden auch beim Bau der Festung Germersheim verwendet. Nachdem um 1840 eine Familie aus St. Martin die Ruine erworben hatte, wurde sie Besuchern zugänglich gemacht und um die Jahrhundertwende ein Weinausschank eingerichtet. Die Hauptanlage wurde später restauriert, heute ist sie im Besitz eines Weinguts.

Jetzige Verwendung: Private Nutzung, mit Gaststätte. Die Burgschenke hat täglich, außer montags, geöffnet.

Besichtigung: Nur Außenbesichtigung möglich.

Lage: Oberhalb von St. Martin.

Anfahrtswege: Von Edenkoben oder Maikammer nach St. Martin. Bei der Kropsburg befindet sich ein Parkplatz.

Wanderwege: Sehr gute Wandermöglichkeiten. Die Wanderkarte »Neustadt a. d. W., Maikammer, Edenkoben, Landau« (1:25 000), Hrsg. Landesvermessungsamt Rheinland-Pfalz, ist im Buchhandel erhältlich.

Auskünfte: Verkehrsamt St. Martin, Tanzstraße, 67487 Maikammer-St. Martin, Telefon (06323) 5300.

Literatur: Eine hektographierte »Kurze Chronik der Kropsburg« ist beim Verkehrsamt erhältlich.

Eingang zur Burgschenke

Besuchen Sie in
Speyer: Das Feuerbachhaus
Allerheiligenstraße 9, mit Gedenkstätte der Familie Feuerbach. Gezeigt werden Originalgemälde und Zeichnungen von Anselm Feuerbach, Autographen, Dokumente und Bücher

Öffnungszeiten:
Gedenkstätte: Mo-Fr 16 – 18 Uhr
So 11 – 13 Uhr
Trinkstube: Mo-Fr ab 18 Uhr
Telefon 06232/70448

Palais Bretzenheim

Nachdem der berühmte Mannheimer Architekt Peter von Verschaffelt ab Anfang der 1770er Jahre das Palais projektiert hatte, beauftragte ihn 1781 Kurfürst Carl Theodor von der Pfalz mit dem Bau, der für seine Geliebte, Gräfin Heydeck, und ihre gemeinsamen Kinder vorgesehen war. Die Front des Palais ist zum Kurfürstlichen Schloß ausgerichtet, den Mittelpunkt des rund 60 Räume beherbergenden Gebäudes bildet der »Große Saal«, der dem »Rittersaal« des Schlosses entsprach. 1788 wurde das Palais fertiggestellt. Schon 1774 hatte Kaiser Joseph II. die vier Kinder von Heydeck unter dem Namen »von Bretzenheim« in den Reichsgrafenstand erhoben, 1789 erhielten sie von ihm die Reichsfürstenwürde. Der Sohn Carl Theodors, Carl August von Bretzenheim, verlegte seinen Wohnsitz Ende des 18. Jahrhunderts nach München bzw. Wien und trennte sich sukzessive von seinen deutschen Besitzungen. Palais Bretzenheim wurde in mehrere Wohnungen aufgeteilt und vermietet. Carl Augusts Erben verkauften 1842 das Palais an einen wohlhabenden Bürgerlichen. 1899 gelangte es an die Rheinische Hypothekenbank, der es heute noch gehört. Im Zweiten Weltkrieg wurde die Anlage bis auf die Umfassungsmauern zerbombt. Ab 1948 erfolgte, nach den Originalzeichnungen Verschaffelts, die Rekonstruktion der Fassaden; die Innenräume paßte man modernen Bedürfnissen an. 1967 wurde ein Sitzungszimmer entsprechend der Verschaffeltschen Originalausstattung eingerichtet.

Jetzige Verwendung: Bankgebäude, Rheinische Hypothekenbank.

Besichtigung: Nur Außenbesichtigung möglich. Im Rahmen seines Stadtrundgangs »Via Palatina« bietet der Verkehrsverein Mannheim eine Außen-Besichtigung an.

Lage: Stadtzentrum Mannheim, A 2, gegenüber dem Schloß.

Anfahrtsweg: BAB 656/BAB 6 nach Mannheim-Mitte. Den Hinweisschildern »Universität« folgen.

Auskünfte: Verkehrsverein Mannheim, Bahnhofplatz 1, 68161 Mannheim 1, Telefon (0621) 101011.

Literatur: I. Riegel/M. Caroli: »Mannheim - ehemals, gestern und heute«, Mannheim 1987, im Buchhandel erhältlich.

Mannheimer Schloß

Das Residenzschloß der Kurfürsten von der Pfalz in Mannheim, eine der größten Barockschloßanlagen der Welt, wurde 1720-1760 erbaut. Nach einem Streit zwischen Kurfürst Carl Philipp, aus der katholi-

---

Kunsthandlung und Vergolderei Lauth

Mundenheimer Straße 252 · Ludwigshafen
Tel./Fax 0621/563840
L 8, 5 · Mannheim · Tel./Fax 0621/102060

schen Linie Pfalz-Neuburg, und den Reformierten um die Benutzung der Heiliggeistkirche in Heidelberg, das jahrhundertelang Sitz der Kurfürsten war, entschloß sich Carl Philipp, seine Residenz nach Mannheim zu verlegen. Noch vor der Grundsteinlegung zum neuen Schloß siedelten er und sein Hofstaat nach Mannheim über. Nach Carl Philipps Tod 1742 ließ sein Nachfolger Carl Theodor 1751-1760 den Ostflügel ausbauen, der die umfangreichen, durch Käufe ständig erweiterten kunst- und wissenschaftlichen Sammlungen, die Schatzkammer sowie Bibliothek und Archiv beherbergten. Hier wurde auch die Kurpfälzische Akademie der Wissenschaften untergebracht. Für knapp 20 Jahre wurde das fertiggestellte Schloß Mittelpunkt eines in ganz Europa berühmten Hofes. Die Kurpfälzischen Sammlungen, die Akademie der Wissenschaften und die Förderung der freien Künste ließen den Hof in Mannheim zu einem kulturellen Zentrum werden. Konzerte mit den Werken von Stamitz, Cannabich, Richter (»Mannheimer Schule«), von Mozart, der sich um die Stelle als Hofkapellmeister bewarb und abgelehnt wurde, und anderen fanden im Rittersaal des Schlosses statt. Als 1778 Kurfürst Carl Theodor sein Erbe in Bayern antrat, wurde die Residenz mit den Sammlungen nach München verlegt. Schloß Mannheim verlor zunehmend an Bedeutung. 1926 übernahm die Stadt einige Räume des Mittelbaus vom badischen Staat, um etliche Sammlungen dort unterzubringen. Während des 2. Weltkrieges wurde es fast völlig zerstört. Der Wiederaufbau und Ausbau erfolgte 1947-1952.

Supraporte im Mittelbau

Kunstvolle Steinmetzarbeit

Jetzige Verwendung: Der Mittelbau beherbergt die Repräsentationsräume der Stadt, der Westflügel das Amtsgericht Mannheim. Alle anderen Gebäudeteile werden von der Universität Mannheim benutzt.

Besichtigung: Führungen durch die historischen Räume werden von April - Oktober, außer montags, von November bis März nur an Samstagen und Sonntagen von 10-11.30, 15-16.30 Uhr angeboten. Eintritts- bzw. Führungsgebühren: Erwachsene DM 2,-, Gruppen ab 20 Personen DM 1,50 pro Person.

Veranstaltungen: Empfänge, Festakte, Konzerte. Auskunft: Stadt Mannheim, Oberbürgermeisteramt, Abt. Repräsentation, Rathaus E 5, 68159 Mannheim 1, bzw. Staatl. Liegenschaftsamt Heidelberg, Rohrbacher Straße 19, 69115 Heidelberg.

Lage: Mannheim-Zentrum, Bismarckstraße.

Anfahrtswege: Aus Richtung BAB 5 oder 6 bzw. 656: Nach Mannheim-Mitte, über BAB-Kreuz Mannheim. Am Ende der BAB 565 Heidelberg-Mannheim links einordnen, Richtung Ludwigshafen. Reichskanzler-

---

Landesmusem für Technik und Arbeit in Mannheim
Museumsstraße 1 · 68165 Mannheim

Öffnungszeiten:
Di. - Fr. 9 -17 Uhr
Mi. 9 -20 Uhr
Sa., So., Feiert. 10 -17 Uhr

Müller-Straße, diese geht in die Bismarckstraße über - auf der linken Seite liegt das Schloß.
Aus allen anderen Richtungen: Richtung Mannheim-Zentrum, über eine der Rhein- bzw. Neckarbrücken, dann über den Park-, Luisen-, Friedrichs- bzw. Kaiserring auf die Bismarckstraße. Ausschilderung Universität.

Auskünfte: Verkehrsverein Mannheim Bahnhofplatz 1, 68161 Mannheim 1, Telefon (0621) 101011.

Literatur: Dr. Carla Th. Mueller, »Schloß Mannheim«. Ein Führer durch das Schloß. K. F. Schimper-Verlag, Schwetzingen 1995

Schloß Seckenheim

Nachdem der Direktor der Akademie der Wissenschaften und geheime Staatsrat der Kurpfalz Johann Georg Freiherr von Stengel 1767 zum Hauptsitz sein Hofgut in Seckenheim gewählt hatte, wurde mit dem Bau eines Schlosses begonnen. 1816 wurde das Anwesen versteigert. In der zweiten Hälfte des 19. Jahrhunderts wurden große Teile des Schloßparks verkauft. Ab Ende des 19. Jahrhunderts zogen Restaurationsbetriebe ins Schloß. 1920 kaufte die Gemeinde Seckenheim das Gebäude auf, nach der Eingemeindung Seckenheims gelangte es an die Stadt Mannheim. Im Zweiten Weltkrieg von deutschen, dann bis 1947 von amerikanischen Militärstellen beschlagnahmt, wurde es 1947 bis 1956 als Fabrikationsstätte für Trikotagen und Strümpfe benutzt. Hierbei erfuhr das Innere eine entsprechende Umwandlung, u. a. zog man Zwischendecken und Wände ein. Zwar hatte die Stadt Mannheim 1956 beschlossen, das Seckenheimer Schloß zu restaurieren, doch scheiterte dies vorerst aus finanziellen Gründen. Der privaten Initiative eines Turnvereins war es zu verdanken, daß 1961 das Gebäude des 1920 erbauten Schloßsaales wieder hergerichtet war. Eigenleistungen und die finanzielle Unterstützung durch Seckenheimer Bürger und Geschäftsleute hatten dies ermöglicht. Ab 1964 ließ die Stadt Mannheim das Schloß restaurieren.

Jetzige Verwendung: Gemeindesekretariat und Standesamt, Gaststätte; der Schloßsaal wird u. a. für öffentliche Veranstaltungen genutzt.

Besichtigung: Außenbesichtigung möglich. Öffnungszeiten der Schloßgaststätte Seckenheim täglich ab 15 Uhr, sonntags ab 10 Uhr, mittwochs geschlossen.

Veranstaltungen: Auskünfte, auch über die Möglichkeiten der Hallenvergabe, über Veranstaltungen im Schloßsaal: Turnerbund Jahn 1899 Mannheim-Seckenheim e.V., Herr Theo Schmitt, Badener Str. 81, 68239 Mannheim 61, Telefon (0621) 473168.

Lage: Zentrum Mannheim-Seckenheim, Seckenheimer Hauptstraße 68.

Anfahrtsweg: BAB 656 Mannheim-Heidelberg, Abfahrt Seckenheim.

Auskünfte: Verkehrsverein Mannheim, Bahnhofplatz 1, 68161 Mannheim 1, Telefon (0621) 101011.

Literatur: Hansjörg Probst, Seckenheim - Geschichte eines Kurpfälzer Dorfes, Mannheim 1981. Zu kaufen über den Buchhandel und über die Volksbank Seckenheim e.G., Seckenheimer Hauptstraße 123, 68239 Mannheim 61.

Die Wechselwirkungen zwischen Mensch und Technik im Industriezeitalter zu verdeutlichen ist die Aufgabe dieses neuartigen Museums. Es gilt, den Prozeß der Industriellen Revolution, des Wandels einer agrarisch strukturierten Gesellschaft in eine Industrie- und Dienstleistungsgesellschaft - und deren Zukunft - an Beispielen aus dem südwestdeutschen Raum aufzuzeigen. Der Besucher wird auf rund 8000 Quadratmetern Ausstellungsfläche durch 250 Jahre technisch-sozialer Entwicklung geführt, kann Maschinen und Produktionsabläufe erleben, teilweise selbst Hand anlegen und sich mit Hilfe von Medien weiter informieren.

Schloß »Sorgenfrei«

Südwestlich vor dem Ort am Wege nach Schatthausen, am Abhang des Vorderwaldes, steht das von Frhr. Carl v. Zyllnhardt im Jahre 1785 erbaute Waldschlößchen »Sorgenfrei«, ein reizender, kleiner klassizistischer Putzbau. Mit der Rückseite an das ansteigende Waldgelände sich anlehnend, zeigt es nach vorn einen kräftig vorspringenden dreiseitigen Mitteltrakt, der oben und unten den Hauptraum mit beiderseitig sich anschließenden kleinen Gemächern enthält.

Der Eingang ins Erdgeschoß liegt in der Mitte der Vorderfront. Ins Obergeschoß führt ein durch eine rückseitige Freitreppe zugängliches Portal, von dem aus eine Brücke über den kleinen Hof hinweg direkt in den Wald leitet. Vom ringsum laufenden Balkon und den Fenstern des Obergeschosses aus bietet sich ein entzückender Ausblick auf das liebliche Elsenztal. Das einfache, hübsche Balkongitter, aus getriebenem Blech bestehend, enthält in der Mitte die Initialen des Erbauers C Z (Carl v. Zyllnhardt). Im Obergeschoß sind reizvolle, einfache Stukkaturen (Jagdembleme, Blumenkörbe und dgl.) an den Wänden und an der Decke noch erhalten. Das Waldschlößchen steht unter Denkmalschutz.

Die älteren Bewohner von Mauer erinnern sich noch an die große Buche unterhalb des Waldschlößchens, deren Stamm nur von fünf Männern umspannt werden konnte. Im Jahre 1930 mußte sie gefällt werden; heute steht dort eine Linde.

Besichtigung: Nur von außen möglich.

Jetzige Verwendung: Wohnhaus und Atelier.

Anfahrtswege: Durch die zentrale Lage von Mauer sind die nahen Städte Heidelberg (18 km Entfernung), Sinsheim (14 km) und Wiesloch (10 km) auf Bundes- und Landstraße gut zu erreichen. Außerdem bestehen Bahnverbindungen nach Heidelberg und Sinsheim/Heilbronn.

Auskünfte: Dieter Freiherr Göler von Ravensburg, Heidelberger Str. 24, 69256 Mauer.

Pfalzgrafenresidenz

Die Burganlage in Mosbach wurde wahrscheinlich in der Franken- bzw. Stauferzeit errichtet. Vermutlich war sie Wohnsitz des Pfalzgrafen Konrad von Staufen, des Halbbruders Kaiser Friedrich I., Barbarossa. Urkundlich erwähnt wird sie allerdings erst 1410, als Pfalzgraf Otto I. die ehemalige Reichsburg zur Residenz ausbauen ließ. Als Wohnsitz der jungen Pfalz-Linie wurde auf der Burg das »neue Schloß« errichtet. Als Mosbach 1499 nach dem Aussterben der Linie an Kurpfalz zurückfiel, war Schloß Mosbach bereits vernachlässigt, da Otto II. sich zumeist in seinem Schloß Neumarkt aufgehalten hatte. Zwar wurde Mosbach Mitte und Ende des 16. Jahrhunderts für jeweils kurze Zeit Sitz des Kurpfälzischen

---

Luisenpark Mannheim
Eine der schönsten Parkanlagen Europas
In unmittelbarer Nähe von Landesmuseum und Planetarium

Stadtpark Mannheim GmbH · 68030 Mannheim · Postf. 103061 · Tel. 0621/41005-0

Hofes, da in Heidelberg die Pest ausgebrochen war, doch zeigt der Merian-Stich von 1645 erhebliche Veränderungen der Anlage. Rund 100 Jahre später weist eine Akte aus, daß das Pfalzgrafenschloß zwischenzeitlich zerstört wurde. Pläne des Kurfürsten Carl Theodor, die alte Schloßanlage wiederherstellen zu lassen, scheiterten an Finanzierungsschwierigkeiten. Ende des 19. Jahrhunderts kaufte ein Mosbacher Bürger die alte Burg und gab dem »Schloß« das heutige Aussehen.

Jetzige Verwendung: Private Nutzung.

Besichtigung: Nur Außenbesichtigung möglich.

Lage: Ortsmitte Mosbach, Schloßgasse.

Anfahrtswege: B 37/B 27, Burgenstraße, bis Mosbach-Zentrum. Die Reste der ehem. Pfalzgräflichen Residenz befinden sich in der Fußgängerzone.

Auskünfte: Verkehrsamt Mosbach, Rathaus, 74821 Mosbach, Telefon (06261) 82236.

Literatur: Ernst Brüche/Dorothee Brüche, Das Mosbach-Buch, Elztal-Dallau 1983 (verb. Auflage). Das Buch kann vom Verkehrsverein Mosbach bezogen werden.

Außenfassade

Schloß Waldleiningen

Das Fürstenhaus Leiningen hatte während der französischen Revolution seine Besitztümer in der Pfalz verloren und wurde vom Regensburger Reichstag 1803 mit Besitztümern zwischen Main und Neckar entschädigt. Zwischen 1808 und 1810 wurde im Steinichtal eine fürstliche Wohnung errichtet, aus der im Laufe der Jahre ein weitläufiges Residenzschloß wurde. 1828 begann der Bau des heutigen Schlosses. Bauherr war Carl Emil zu Leiningen (1804-1856).
1828-1829 entstand als fürstliches »Jagdhaus« der Kernbau mit den beiden Staffelgiebeln, Freitreppe und Stiegenhaus. Mehrere Darstellungen belegen diesen ersten Zustand und geben Auskunft über eine erste Erweiterung bis zu den seitlichen Treppengiebeln, die unmittelbar nach der Fertigstellung des ersten Abschnitts beschlossen wurde. 1832 wurde der Fahnenturm, fester Bestandteil jedes Schlosses dieser Zeit, ausgebaut. Er war wohl von Anfang an über dem Treppenhaus vorgesehen. 1834 waren die Steinbrecher wieder am Werk und 1836 wurden Fundamente gegraben. Aber erst 1837 - 1839 konnten die seitlichen Flügel hochgezogen werden. Das ehemalige östliche Einfahrtstor trägt die Jahreszahl 1840. Im Jahr darauf wurde am Geburtstag des Fürsten, dem 12. September, in Anwesenheit zahlreicher fürstlicher Verwandter die Bauweihe vollzogen, ohne daß dieses Ereignis den Abschluß der Bauarbeiten bedeutet hätte. Gleichzeitig

wurden die Erweiterungen des Wildparks und sein Ausbau zu einem verträumten Naturpark betrieben. Damals wurde das Ensemble geschaffen, das heute unter dem Begriff Waldleiningen verstanden wird. Im weiten Talkessel mit malerischen Baumgruppen erhebt sich über sanft ansteigenden Wiesen eine Architekturlandschaft von eigenem Wuchs: Natursteinmauern von rotem Sandstein mit architektonisch gerahmten Fenstern, Treppengiebel, Türmchen, Erkern und Zinnen, darüber ein vielfältig verspringendes Dach mit zahlreichen Gaupen, im Hintergrund der hohe Fahnenturm. So offenbart sich der weitläufige Gebäudekomplex jedem Besucher, der zum ersten Mal die schmale und gewundene Zufahrtsstraße entlang kommt, als ein unerwartetes Denkmal der Romantik. Durch eine spitzbogige Toreinfahrt betritt man den geräumigen Innenhof, um den sich rückwärts Küchentrakt und Kavaliersbau gruppieren. Die Folge verschiedenster Baukomplexe mit dem Gegensatz von Steil- und Flachdach bestimmt den Hof. Die Hauptschauseite richtet das Schloß zum Tal hin, reizvoll sind aber auch die Ostpartie mit einer zweiten, heute geschlossenen Toreinfahrt und die Ansicht von der Westseite her.

Gegen Ende des 2. Weltkrieges wurde das Schloß zu einem Lazarett unfunktioniert. Heute befindet sich dort, durch einen Neubau erweitert, eine psychosomatische Fachklinik.

Jetzige Verwendung: Psychosomatische Fachklinik.

Besichtigung: Wegen der Klinikeinrichtung ist eine Besichtigung des Schloßinneren nicht möglich.

Lage: 2,5 km westlich von Ernsttal.

Anfahrtswege: Über Höhenstraße Hesselbach - Würzberg.

Wanderwege: Von Würzberg und von Ernsttal.

Auskünfte: Psychosomatische Fachklinik, Schloß Waldleiningen, 69427 Mudau-Moerschenhardt.

Literatur: Max Walter / Friedrich Oswald »Die Kunstbestrebungen des Fürstenhauses Leiningen im 19. Jahrhundert«, Amorbach 1991.

Schloß Tairnbach

Nachdem Franz Caspar Freiherr Ueberbruck von Rodenstein 1735 die Herrschaft über Darrnbach, dem heutigen Mühlhausener Stadtteil Tairnbach, übernommen hatte, begann er mit dem Bau eines stattlichen barocken Schloßgebäudes, das 1736 eingeweiht wurde. Ein Jahr später ließ er, der zugleich verschiedene kurpfälzische Ämter einnahm, die Schloßkapelle erbauen. Die Freiherren blieben bis 1905 im Besitz des Schlosses. Dann verkaufte die letzte Angehörige des Geschlechts ihre Besitzungen in Tairnbach an die Gemeinde. Die Gemeindeverwaltung bezog einen Teil des Schlosses, andere Räume wurden vermietet. 1928 zerstörte ein Brand Teile des Schlosses und der Nebengebäude: beim Wiederaufbau im folgenden Jahr wurde auf die historische Raumeinteilung verzichtet.

Jetzige Verwendung: Das Schloß ist Sitz der Gemeindeverwaltung, Außenstelle des Bürgermeisteramtes der Gesamtgemeinde, der Feuerwehr von Tairnbach, ein Teil der Räume wurde vermietet.

Besichtigung: Nur Außenbesichtigung möglich.

Lage: In der Ortsmitte von Tairnbach.

Anfahrtswege: BAB 6 Mannheim-Stuttgart bis Abfahrt Wiesloch/Rauenberg oder

---

Rokokotheater Schloß Schwetzingen

Das prachtvolle Schloßtheater von Kurfürst Carl Theodor
mit wunderschönen Farbfotos und Texten
zur Geschichte und Beschreibung.

K. F. Schimper-Verlag · Schwetzingen   **DM 12,-**

Sinsheim. B 39 nach Mühlhausen. Von dort zum Ortsteil Tairnbach.

Auskünfte: Bürgermeisteramt Mühlhausen, 69242 Mühlhausen, Telefon (06222) 61580.

Literatur: 250 Jahre Schloß Tairnbach. 1736-1986. Fest- und Heimatbuch, Hrsg. Heimatverein Tairnbach, 1986. Das Buch kann beim Bürgermeisteramt Mühlhausen bezogen werden.

Alexanderschloß

Erstmals 1545 erwähnt, als Alexander von Helmstatt das »Innere Schloß« an Johann und Philipp von Helmstatt verkaufte. Diese ließen in der Folgezeit größere Umbauten vornehmen. Gegen Ende des 17. Jahrhunderts diente es als Wohnung des Amtmannes, im 19. und 20. Jahrhundert als Amtshaus, Haushaltungs- und Landwirtschaftsschule und als Lager der Raiffeisengenossenschaft. Ende 1987 wurde es von der Stadt erworben und soll in den kommenden Jahren restauriert werden.

Jetzige Verwendung: Keine, soll restauriert werden.

Besichtigung: Nur Außenbesichtigung möglich.

Lage: Zentrum Neckarbischofsheim, neben dem Rathaus.

Anfahrtswege: BAB 6 Mannheim-Stuttgart, Abfahrt Sinsheim. B 292 Richtung Sinsheim/Waibstadt. Nach Waibstadt Richtung Neckarbischofsheim. Oder: B 37, Burgenstraße bis Neckargemünd, B 45 über Mauer bis Meckesheim. Über Eschelbronn/Waibstadt nach Neckarbischofsheim. Oder: Burgenstraße über Mosbach nach Obrigheim/Aglasterhausen B 292.

Auskünfte: Stadtverwaltung Neckarbischofsheim, Postfach 5, 74924 Neckarbischofsheim, Telefon (07263) 6070.

Literatur: Peter Beisel, »Schlösser, Burgen, Wehranlagen« in Villa Biscovesheim-Neckarbischofsheim 988 - 1988, Hrsg. Verein für Heimatpflege Neckarbischofsheim, 1988. Die Ortschronik kann von Herrn Peter Beisel, Kernerstr. 11, 74924 Neckarbischofsheim, bezogen werden.

Altes Schloß

Der Baubeginn der Burganlage von Neckarbischofsheim kann wohl ins 13. Jahrhundert datiert werden, möglicherweise durch Dieter von Helmstatt. Mitte des 14. Jahrhunderts wurde die Anlage unter Raban III. und Wiprecht dem Alten durch den Palas wesentlich vergrößert, neueste Untersuchungen ergaben eine Datierung um 1368. In dieser Zeit wurde im Bereich der Vorburg auch das »neue Steinhaus« errichtet, das an der Stelle des heutigen »Neuen Schlosses« stand. Mitte des

---

Spendenkonto für Notruftelefone!

Björn Steiger Stiftung e.V.:
71364 Winnenden

Postgiro Stuttgart 24300-700

16. Jahrhunderts wurde das »alte Steinhaus« von Philipp von Helmstatt zum Wohnschloß umgebaut. In dieser Zeit besaß das Schloß noch ein weiteres Stockwerk, das durch einen Brand, wahrscheinlich im 19. Jahrhundert, zerstört wurde. Nachdem 1966 die Bischofsheimer Linie der Herren von Helmstatt ausgestorben war, kaufte 1975 die Stadt das Schloß an. Eine grundlegende Renovierung zwischen 1977 und 1988 förderte u.a. die alten Malereien aus dem 16. Jahrhundert zutage.

Jetzige Verwendung: Heimatmuseum.

Besichtigung: Innenbesichtigung mit Führung in den Monaten April bis September an jedem 1. und 3. Sonntag des Monats, 14.30 - 17 Uhr.

Veranstaltungen: Konzerte und Ausstellungen.

Lage: Zentrum Neckarbischofsheim, im Schloßpark.

Anfahrtswege: BAB 6 Mannheim-Stuttgart, Abfahrt Sinsheim. B 292 Richtung Sinsheim/Waibstadt. Nach Waibstadt Richtung Neckarbischofsheim. Oder: B 37, Burgenstraße bis Neckargemünd, B 45 über Mauer bis Meckesheim. Über Eschelbronn/Waibstadt nach Neckarbischofsheim. Oder: Burgenstraße über Mosbach nach Obrigheim/Aglasterhausen, B 292.

Auskünfte: Stadtverwaltung Neckarbischofsheim, Postfach 5, 74924 Neckarbischofsheim, Telefon (07263) 6070.

Literatur: Hrsg. Verein für Heimatpflege Neckarbischofsheim, 1988. Die Ortsgeschichte kann von Herrn Peter Beisel, Kernerstr. 11, 6924 Neckarbischofsheim, bezogen werden.

Gartenportal

Neues Schloß

1829 durch Graf Franz Ludwig von Helmstatt erbaut. Das neue Schloß liegt im Bereich der Vorburg der alten Burganlage an der Stelle eines im 14. Jahrhundert errichteten Steinbaus, der 1829 abgerissen wurde. Bis 1966 Sitz der Familie; seit 1966 im Besitz der Stadt.

Jetzige Verwendung: Private Nutzung, Wohnungen, Räume für Vereine.

Besichtigung: Nur Außenbesichtigung.

Anfahrtswege: BAB 6 Mannheim-Stuttgart, Abfahrt Sinsheim. B 292 Richtung Sinsheim/Waibstadt. Nach Waibstadt Richtung Neckarbischofsheim. Oder: B 37, Burgenstraße bis Neckargemünd, B 45 über Mauer bis Meckesheim. Über Eschelbronn/Waibstadt nach Neckarbischofsheim. Oder: Burgenstraße über Mosbach nach Obrigheim/Aglasterhausen, B 292.

Auskünfte: Stadtverwaltung Neckarbischofsheim, Postfach 5, 74924 Neckarbischofsheim, Telefon (07263) 6070.

Literatur: Peter Beisel, »Schlösser, Burgen, Wehranlagen« in: Villa Biscovesheim - Neckarbischofsheim 988 - 1988. Hrsg. Verein für Heimatpflege Neckarbischofsheim, 1988. Die Ortsgeschichte kann von Herrn Peter Beisel, Kernerstr. 11, 74924 Neckarbischofsheim, bezogen werden.

Die Badische Spargelstraße

Ein Führer durch die Spargelregion Nordbaden

Burg Dilsberg

Die Grafen von Lauffen errichteten um 1150 die Burg auf dem Dilsberg, den sie vom Bistum Worms als Eigengut erhielten, um die Waldgebiete des Bistums Worms zu besiedeln. Um 1219 übernahmen die Herren von Dürn (Walldürn) die Burg Dilsberg, die sich aufgrund von Geldnöten als »Burgmann« zum Schutz des Heidelberger Hofes verdingten und schließlich 1288 die Burg an König Rudolf von Habsburg verkauften. Dieser Reichsbesitz ging aber dann um 1330 an die Kurpfalz über. Die Heidelberger Kurfürsten erhoben Dilsberg 1347 zur Stadt und zwangen die Bevölkerung zweier Weiler zum Einzug innerhalb der Dilsberger Stadtmauer. Der weitere Ausbau der Burg durch den kurpfälzischen Hof zu einer Festung, Unteramt (für umliegende Dörfer), Kellerei (für den kurfürstlichen Privatbesitz), Flucht- und Jagdschloß bildete aus dem Dilsberg ein bedeutsames militärisches und verwaltungstechnisches Nebenzentrum. Die Festung Dilsberg kapitulierte 1622 vor Tilly und wurde nach wiederholtem Besatzungswechsel 1648 an die Kurpfalz zurückgegeben, welche dann eine größere Garnison in die Burg legte. Die Besetzung durch Franzosen im pfälzischen Erbfolgekrieg 1688/89 zog keine Zerstörung nach sich, 1799 mußte noch der Angriff eines französischen Revolutionstrupps abgewehrt werden. 1803 wurde Dilsberg badisch und die Burg zeitweise als Soldatengefängnis genutzt. Nach 1822 begann der Abbruch der bis dahin völlig unbeschädigten, aber funktionslos gewordenen Burg. Sie wurde gegen 1900 von der »Wanderbewegung« entdeckt und zum Teil wieder aufgebaut. Besondere Attraktion: ein unterirdischer Gang (ca. 78 m, begehbar) zum Burghofbrunnen (ca. 46 m tief).

Jetzige Verwendung: Beliebtes Ausflugsziel (zum Teil bewirtschaftet). Feste können nach vorheriger Absprache mit dem Burgpächter veranstaltet werden.

Besichtigung: Vom 1. April bis 30. Oktober möglich (ca. 11-17.30 Uhr, witterungs- und saisonabhängig). Eintrittsgebühr Erwachsene DM 2,-, Kinder DM 1,-. Führungen sind nach vorheriger Vereinbarung mit dem Verkehrsamt der Stadt Neckargemünd möglich. Führungsgebühren DM 40,- für Schulklassen, DM 50,- für Burg und Stollen, DM 60,- für Burg, Stollen und kath. Kirche.

Veranstaltungen: Burgkonzerte, Theater, Volksfest. Auskunft: Örtliche Verwaltungsstelle Dilsberg, Burghofweg 1, 69151 Nekkargemünd-Dilsberg, Telefon (0 62 23) 24 44.

Lage: Neckargemünder Stadtteil Dilsberg, Burghofweg.

Anfahrtsweg: B 37 von Heidelberg oder Neckarsteinach nach Neckargemünd. Vom Zentrum: Richtung Ortsteile Rainbach und Neuhof. In Neuhof Richtung Dilsberg. Aus südlicher Richtung: B 45 über Mauer, Wiesenbach. Ab Wiesenbach nach Langenzell, dort über Dilsberghof, Neuhof zur Burgfeste. Unterhalb der Burg gibt es verschiedene Parkplätze. Wenige Parkmöglichkeiten sind auch innerhalb der Burg vorhanden.

Wanderwege: Auskünfte über Wanderwege erteilt die örtliche Verwaltungsstelle Dilsberg.

Literatur: Wolfgang Dachroth/Stefan Wiltschko: Der Burgbrunnen und Brunnenstollen des Dilsberges (1986). Uwe Uffelmann/Stefan Wiltschko: Aus der Geschichte des Dilsberges (1990). Erhältlich in der örtl. Verwaltungsstelle Dilsberg.

Eine kulinarische Reise von Schwetzingen bis Bruchsal.
Mit vielen Tips und Hinweisen
K. F. Schimper   DM 15,-

Burg Reichenstein

Ehemalige Reichsburg, deren Ursprünge ins 12. Jahrhundert reichen. Adolf von Nassau verpfändete sie im 13. Jahrhundert an Eberhard von Katzenelnbogen, Heinrich VII. 1312 an Konrad von Weinsberg. Mit der Stadt kam die ehemalige Reichsburg im 14. Jahrhundert an Kurpfalz. Urkundlich wird sie 1353 letztmals erwähnt. Wahrscheinlich wurde sie nach dem Übergang an die Kurpfalz aufgegeben.

Jetzige Verwendung: Ausflugsziel, nicht bewirtschaftet.

Besichtigung: Jederzeit möglich.

Lage: Neckargemünd, Reichensteinstraße.

Anfahrtswege: B 37 von Heidelberg nach Neckargemünd. In Neckargemünd : Bahnhofstraße - Hauptstraße bis Gabelung Wiesenbacher-/Hollmuthstraße. Die Hollmuthstraße bis Reichensteinstraße, scharf rechts abbiegen. Aus südlicher Richtung: B 45 über Mauer nach Wiesenbach. In Wiesenbach Landstraße nach Neckargemünd. Wiesenbacher Straße bis Hollmuthstraße (links). Hollmuthstraße bis Reichensteinstraße (rechts).

Auskünfte: Verkehrsamt der Stadt Nekkargemünd, Hauptstraße 56, 69151 Nekkargemünd, Telefon (06263) 8040 oder 3553.

Minneburg

Wahrscheinlich Anfang des 12. Jahrhunderts gegründet, wurde die Minneburg 1349 von Pfalzgraf Ruprecht d. Älteren gekauft und in der Folgezeit als Lehen vergeben. Der wesentliche Ausbau der Burg erfolgte in der ersten Hälfte des 16. Jahrunderts unter Wilhelm von Habern. Im Dreißigjährigen Krieg von den Franzosen schon teilweise zerstört, verfiel sie nach Auflösung der Kurpfalz im 19. Jahrhundert und wurde als Steinbruch benutzt.
Erste Maßnahmen zur Erhaltung der noch vorhandenen Bausubstanz wurden um die Jahrhundertwende begonnen, größere Entschuttungs- und Renovierungsarbeiten vornehmlich in den 60er und 70er Jahren durchgeführt.

Jetzige Verwendung: Beliebtes Ausflugsziel, keine Bewirtschaftung, aber 2 Grillplätze vorhanden.

Besichtigung: Jederzeit möglich.

Lage: Nördlich von Guttenbach, gegenüber Neckargerach, im Gemeindewald Neckarkatzenbach.

Anfahrtswege: B37 Burgenstraße bis Neckargerach, dort über die Neckarbrücke, ca. 300 m bis Parkplatz. Ab Waldparkplatz Minneburg ca. 30 Min. leichter Fußweg, oder 300 m Steilweg. Oder: Westlich des

Neckargemünd mit Dilsberg-Mückenloch Waldhilsbach bieten Erholung Sport- u. Freizeitvergnügen im schönen Neckartal

Information:
Städt. Verkehrsamt
Hauptstraße 25
69151 Neckargemünd
Telefon 06223/3553

Neckars von Sinsheim-Neckarbischofsheim aus die B 292 bis Aglasterhausen. Von dort Landstraße Richtung Neunkirchen. Von Neunkirchen über Neckarkatzenbach und Neckargerach-Guttenberg bis zum Parkplatz Minneburg.

Wanderwege: Ein Besuch der Minneburg kann mit verschiedenen Spaziergängen und Wanderungen verbunden werden. Die Naturpark-Karte »Odenwald-Südwest«, Hrsg. Landesvermessungsamt Baden-Württemberg, Maßstab 1:50000, ist im Buchhandel erhältlich.
Eine Wanderkarte der Umgeburg Neckargerachs, mit Ortsplan, kann bestellt werden beim Bürgermeisteramt Neckargerach, Hauptstraße 25, 69437 Neckargerach.

Auskünfte: Bürgermeisteramt, Marktplatz 1, 74867 Neunkirchen, Telefon (06262) 3833.
Staatliches Forstamt Schwarzach, 74869 Schwarzach, Telefon (06262) 6211.
Bürgermeisteramt Neckargerach, Hauptstraße 25, 69437 Neckargerach, Telefon (06263) 42010.

Literatur: Beim Forstamt Schwarzach sowie beim Bürgermeisteramt Neckargerach ist eine chronologische Übersicht über die Geschichte der Minneburg (hektographiert) erhältlich.
Fritz Liebig: Chronik der Stadt Neckargerach und der Minneburg.

Hinterburg

Der Bau der ältesten der vier Neckarsteinacher Burgen wurde um 1100 begonnen. Die ursprüngliche Anlage war zwar klein, doch äußerst wehrhaft - selbst der Zugang war zu dieser Zeit nur über eine Strickleiter oder Leiter zu erreichen. Urkundlich erwähnt wurde der Besitzer der Burg erstmals 1142 mit Bligger I. von Steinach. Der Aus- und Umbau der Anlage wurde vermutlich unter seinem Sohn, dem aus der Manessischen Handschrift bekannten Dichter Bligger II. von Steinach, um 1200 vorgenommen. Wirtschaftliche Schwierigkeiten zwangen die Familie kurze Zeit später, ihre Stammburg zu veräußern - schon 1272 befand sie sich im Besitz des Bistums Speyer. Wechselnde Lehnsleute mögen dazu beigetragen haben, daß die Hinterburg bereits 1344 als »wüst und verfallen« bezeichnet wurde. Immerhin aber ließ Speyer 1350 ein neues Herrenhaus erbauen und zerstörte Mauern verstärkt wieder errichten. Zusätzliche Verteidigungsanlagen wurden in der ersten Hälfte des 15. Jahrhunderts unter dem speyerischen Amtmann Wiprecht von Helmstatt erbaut. Mitte des 16. Jahrhunderts gelangte die Burg als speyerisches Mannlehen an die einzig verbliebene Linie derer von Steinach, die sich nach ihrer Burg Schadeck »Landschaden« nannte, zurück. Nachdem die Linie der Landschaden 1653 ausgestorben war, fiel sie, bis 1803 als speyerisches Lehen, an verschiedene Besitzer. Da der letzte private Besitzer die hohen Unterhaltungskosten der Ruine nicht aufbringen konnte, überließ er sie 1910 dem Staat Hessen. Insbesondere ab 1960 erfolgten Restaurierungsarbeiten.

Jetzige Verwendung: Beliebtes Ausflugsziel, nicht bewirtschaftet.

Besichtigung: Jederzeit möglich. Führungen können vereinbart werden mit dem Verkehrsamt Neckarsteinach. Der geltende Führungspreis schließt eine Besichtigung der Burg Schadeck »Schwalbennest« mit ein.

Lage: Auf einer Bergzunge des Berger Schadeck/Riegelsberg oberhalb Neckarsteinachs.

Anfahrtswege: B 37 Burgenstraße bis Neckarsteinach. An der B 37 sind die 4 Burgen ausgeschildert - vom Parkplatz an der B 37 aus können die Burgen besucht werden.

Anfahrtswege: B 37 Burgenstraße bis Neckarsteinach. An der B 37 sind die 4 Burgen ausgeschildert - vom Parkplatz an der B 37 aus können die Burgen besucht werden.

Wanderwege: Ein leichter Fußweg mit Steigungen führt vom Zentrum Neckarsteinachs zur Hinterburg, Hin- und Rückweg ca. 3 km.

Auskünfte: Verkehrsamt Neckarsteinach, Hauptstraße 7, 69239 Neckarsteinach, Telefon (0 62 29) 9 20 00.

Literatur: Robert Irschlinger, Neckarsteinach - aus der Geschichte der vier Burgen, ihrer Bewohner und der Stadt, Hrsg. Stadt Neckarsteinach, Neckarsteinach 1986, 5. Auflage. Die Darstellung kann beim Verkehrsamt bezogen werden.

Mittelburg

Renaissancegiebel

Um 1165 gegründet vom jüngsten Sohn Bliggers II. von Steinach, Conrad I. Nach dem Untergang der von ihm gegründeten Linie Anfang des 14. Jahrhunderts gelangte die Mittelburg je zur Hälfte an die Bistümer von Worms und Mainz. In der Folgezeit wechselten die von Worms und Mainz belehnten Besitzer sehr häufig, die Burg zerfiel mangels Instandsetzungsarbeiten stark. Als sie 1550 an ihre ursprünglichen Besitzer, die Landschaden von Steinach, kam, wurden umfangreiche Wiederaufbaumaßnahmen notwendig. Der Marschall des pfälzischen Kurfürsten Friedrich II., Hans Bleickardt Landschad, ließ das Herrenhaus der Mittelburg zum Renaissance-Schloß, nach Heidelberger Vorbild, umbauen. 1653 starb die Linie der Landschaden aus; in den nächsten Jahrhunderten war die Burg in Händen wechselnder Besitzer. 1840 wurde sie erneut umgebaut, Neogotik. Seit 1925 gehört die Mittelburg, wie die Vorderburg, den Freiherren von Warsberg-Dorth und wird von ihnen bewohnt.

Besichtigung: Nur Besichtigung des Innenhofes und Außenbesichtigung möglich.

Lage: Auf der Bergzunge des Riegelberges, zwischen Vorder- und Hinterburg, von Neckarsteinach.

Anfahrtswege: B 37 Burgenstraße bis Neckarsteinach. Die Burgen sind an der B 37 ausgeschildert.

Wanderwege: Von der Stadtmitte Neckarsteinachs führt ein leichter Fußweg mit Steigung zur Burg, Hin- und Rückweg ca. 1,6 km.

Auskünfte: Verkehrsamt Neckarsteinach, Hauptstraße 7, 69239 Neckarsteinach, Telefon (0 62 29) 3 13.

Literatur: Robert Irschlinger, Neckarsteinach - aus der Geschichte der vier Burgen, ihrer Bewohner und der Stadt. Hrsg. Stadt Neckarsteinach, Neckarsteinach 1986 (5. Aufl.). Die Darstellung kann vom Verkehrsamt bezogen werden.

Schloß-Favorite

Burg Schadeck »Schwalbennest«

Die jüngste der vier Neckarsteinacher Burgen wurde vom dritten Sohn Ulrichs I. von Steinach, der die Vorderburg erbaut hatte, um 1230 errichtet. Da auf der Bergzunge des Riegelberges bereits die 3 Burgen seiner Familie lagen, mußte er die neue Burg neckarabwärts an dem steilabfallenden Bergmassiv erstellen. Bligger V. war gezwungen, ein großes Stück aus der Felswand herausbrechen zu lassen, um eine Fläche für den Bau zu erhalten. Burg Schadeck (nach dem Berg - dem Schadeck - genannt) wurde auf diesen planen Felsuntergrund gesetzt. Bligger V. von Steinach nannte sich in der Folgezeit, um sich von seinen Verwandten Bligger IV. und Bligger VI. auf den Nachbarburgen zu unterscheiden »Landschad« von Steinach, nach seiner Burg. Der Name wurde von seinen Nachfolgern übernommen. Aus finanziellen Gründen mußten die Landschaden 1335 Burg Schadeck an Mainz und Worms verkaufen - zehn Jahre später war sie Alleineigentum des Erzbistums Mainz. Mainz verpfändete sie gleichzeitig an verschiedene Geschlechter. Ende des 14. Jahrhunderts befand sich die Burg gleichzeitig im Besitz von sechs Rittern (Ganerbenburg) - ab 1427 gehörten auch die Landschaden (Dieter III.) wieder zu den (Mit-) Besitzern. Von 1454 - 1653 war sie dann wieder im Alleinbesitz der Landschaden, die sie instandsetzen ließen. 1803 wurde Burg Schadeck hessisch. Die Schadeck ist das Wahrzeichen Neckarsteinachs.

Jetzige Verwendung: Beliebtes Ausflugsziel, nicht bewirtschaftet.

Besichtigung: Jederzeit möglich. Führungen können mit dem Verkehrsamt Neckarsteinach vereinbart werden. Der Führungspreis von DM 30,- schließt eine Besichtigung der Hinterburg mit ein.

Anfahrtswege: B 37 Burgenstraße bis Neckarsteinach. An der B 37 sind die Burgen ausgeschildert, dort befindet sich auch ein Parkplatz. Von dort dauert die Wanderung ca. 1 Stunde.

Wanderwege: Von der Ortsmitte Neckarsteinachs führt ein knapp 2 km langer, leichter Fußweg mit etwas Steigung zum »Schwalbennest«.

Auskünfte: Verkehrsamt Neckarsteinach, Hauptstr. 7, 69239 Neckarsteinach, Telefon (0 62 29) 9 20 00.

Literatur: Robert Irschlinger, Neckarsteinach - aus der Geschichte der vier Burgen, ihrer Bewohner und der Stadt, Hrsg. Stadt Neckarsteinach, Neckarsteinach 1986 (5. Auflage). Die Darstellung kann vom Verkehrsamt bezogen werden.

Vorderburg

(in der Nähe von Baden-Baden) ist ein Kleinod unter den barocken Schloßbauten am Oberrhein. Es wurde im 18. Jahrhundert für die Markgräfin Sibylla Augusta als Sommerresidenz erbaut. Sehenswert ist die prunkvolle Ausstattung (Keramik, Porzellan, Fayence-Kunst).

Die Vorderburg bietet dem heutigen Betrachter den unscheinbarsten Anblick der Neckarsteinacher Burgen. Sie hat einen ähnlichen Grundriß wie die Mittelburg, nur etwas unregelmäßiger; der Turm steht nicht ganz in der Nordostecke. Nachdem unter den Söhnen Bliggers II. von Steinach Ende des 12. Jahrhunderts eine Erbteilung stattgefunden hatte, ließ Ulrich I. am Ende des Riegelsberges neckaraufwärts um 1190 die dritte Burg nach der Hinter- und Mittelburg bauen. Sie liegt unmittelbar über Neckarsteinach. Um 1300 gelangte die kleine Anlage je zur Hälfte an die Bistümer Speyer und Worms. Nachdem 1377 die Steinacher Linie der Landschaden die wormsische Hälfte als Lehen zurückerhalten hatte, gelang es rund hundert Jahre später, dem Kurpfälzischen Hofmeister Blicker XIV. Landschad von Steinach, auch die speyerische Hälfte in Besitz zu nehmen. Bis zum Aussterben der Linie Mitte des 17. Jahrhunderts verblieb die Burg bei den Landschaden. Nach mehreren Besitzerwechseln wurden die Vorder- sowie die Mittelburg 1925 an die Freiherren von Warsberg-Dorth gegeben. Die Vorderburg dient dieser Familie noch heute als Wohnsitz.

Jetzige Verwendung: Privatbesitz, bewohnt.

Besichtigung: Nur von außen möglich.

Lage: Unmittelbar über Neckarsteinach auf dem östlichen Ausläufer des Riegelsberges.

Anfahrtswege: B 37 Burgenstraße nach Neckarsteinach. An der B 37 sind die Burgen ausgeschildert.

Wanderwege: Leichter Fußwg mit Steigungen, ca. 0,5 km vom Ortskern entfernt.

Auskünfte: Verkehrsamt Neckarsteinach, Hauptstraße 7, 69239 Neckarsteinach, Telefon (0 62 29) 3 13.

Literatur: Robert Irschlinger, Neckarsteinach - aus der Geschichte der vier Burgen, ihrer Bewohner und der Stadt, Hrsg. Stadt Neckarsteinach, Neckarsteinach 1986 (5. Auflage). Die Darstellung kann vom Verkehrsamt bezogen werden.

Burg Hornberg

Wahrscheinlich im 11. Jahrhundert gegründet; die erste urkundliche Erwähnung der Burg weist 1184 die Grafen von Lauffen als Eigentümerin aus. Mitte des 13. Jahrhunderts wurde das Bistum Speyer Eigentümer von Hornberg sowie der dazugehörigen Dörfer Neckarzimmern und Steinbach und übte das Lehensrecht bis 1803 aus. Nachdem 1341 das Dorf Steinbach befestigt worden war, erhielt Burg Hornberg als Schutzfestung eine besondere Bedeutung für das Bistum Speyer: Bis Mitte des 15. Jahrhunderts fungierte sie als östliches Bollwerk des Hochstifts. Dann verkaufte Speyer Neckarzimmern und Steinbach an Lutz Schott, kurz darauf wurde er Besitzer der Burg. Schon 1474 jedoch eroberte Friedrich der Siegreiche Burg Hornberg. Im Zuge des Bayerischen Erbfolgekrieges gelang es 1504 Conz Schott von Schottenstein, den Hornberg sowie Neckarzimmern und Steinbach zurückzuerobern. 1517 kaufte Götz von Berlichingen die Burg von Conrad Schott und lebte hier bis zu seinem Tode 1562. Vom Bauernaufstand 1525 blieb Burg Hornberg verschont, da Götz von Berlichingen vorübergehend erzwungenermaßen Hauptmann bei den Aufständischen war. Wegen seiner Teilnahme am Bauernkrieg wurde er 1528 nach Augsburg bestellt und für zwei Jahre gefangengesetzt. Erst nachdem er Urfehde geschworen hatte, sich u. a. verpflichtet hatte, den Bezirk von Hornberg nicht mehr zu verlassen, Scha-

---

PÄLZISCH VUN HIWWE UN DRIWWE
Gedichde un Gschichde
von Bruno Hain / Rudolf Lehr

Das große Mundartbuch der Kurpfalz und der Vorderen Pfalz

K. F. Schimper-Verlag

densersatz zu leisten und keine Rache zu üben, wurde er freigelassen. Ein Anklageverfahren vor dem Bundestag des Schwäbischen Bundes endete kurze Zeit später mit einem bedingten Freispruch, die Urfehde wurde 1541 von Kaiser Karl V. aufgehoben. Nach dem Tode von Götz ließ einer seiner Enkel, Philipp Ernst, ab 1573 die bereits zuvor begonnenen Um- und Erweiterungsbauten forciert durchführen und Verbesserungen an den Festungswerken vornehmen. Schon 1602 aber bewogen ihn finanzielle Schwierigkeiten und Prozesse bzw. Klagen, die seine Untertanen gegen ihn, bis hinauf zum kaiserlichen Gericht, führten, zum Verkauf. 1612 schließlich kaufte der kurfürstlich pfälzische Rat in Michelfeld, Reinhard von Gemmingen, Burg Hornberg mit Neckarzimmern und Steinbach. Die Herren von Gemmingen-Hornberg blieben bis heute Besitzer der Burg. Im Dreißigjährigen Krieg wurde die Anlage mehrmals besetzt und geplündert, im Pfälzischen Erbfolgekrieg knapp ein halbes Jahrhundert später von den Franzosen zerstört. Zwar wurde das schwerbeschädigte Schloß später wieder instandgesetzt, aber nur noch einmal bis Ende des 19. Jahrhunderts bewohnt. Seit 1825 erfolgen Erhaltungsmaßnahmen, in der 2. Hälfte unseres Jahrhunderts umfangreiche Restaurierungsarbeiten.

Jetzige Verwendung: Hotel und Gaststätte, Museum, private Nutzung. Gaststätte und Burghotel geöffnet von März bis Dezember. Auskünfte: Burghotel Hornberg, 74865 Neckarzimmern, Telefon (06261) 4064.

Besichtigung: Zwischen März und Dezember täglich. Für Gruppen können Termine vereinbart werden.

Veranstaltungen: Tagungen, Konferenzen, Feste, Trauungen (in der Burgkapelle). Auskünfte: Burghotel Hornberg.

Lage: Oberhalb Neckarzimmerns.

Anfahrtswege: B 27 bis Neckarzimmern; am Rathaus Neckarzimmern abbiegen, gut ausgeschildert.

Wanderwege: Vom Ortskern Neckarzimmern führt ein ca. halbstündiger Spaziergang zur Burg.

Auskünfte: Bürgermeisteramt Neckarzimmern, Rathaus, 74865 Neckarzimmern, Telefon (06261) 92310.

Literatur: Hans Obert, Ortschronik der Gemeinde Neckarzimmern, Neckarzimmern 1973, zu beziehen beim Bürgermeisteramt Neckarzimmern, Rathaus, 74865 Neckarzimmer, Telefon (06261) 2579. Ein Faltblatt mit den wichtigsten Angaben über die Burg und ihre Geschichte ist bei der Besichtigung erhältlich. Burg Hornberg, 74865 Neckarzimmern, Telefon (06261) 4064.

Burg Neidenstein

Aus welcher Zeit die ältesten Bauteile der reichsunmittelbaren Sperrveste stammen, ist unbekannt. Der Ausbau zur »Veste« erfolgte wohl im 13. Jahrhundert; die erstmalige urkundliche Erwähnung weist 1319 die Ritter von Venningen als Lehensträger des Reiches aus. Die Lehenshoheit blieb bis 1806 bestehen. Im 15./16. Jahrhundert wurde die Anlage stark ausgebaut, neue Gebäude (z. B. Palas) errichtet. Auf dem Vorhof ließ 1538 der Kurpfälzische Oberhofrichter Erasmus von Venningen zwei große Fachwerkhäuser bauen. Der letzte Vertreter der Neidensteiner Linie, Otto Heinrich, ließ Anfang des 17. Jahrhunderts im »Oberen Schloß« ein neues Wohnhaus errichten. Als er 1611 starb, übernahm die Hilsbacher Linie die Besitzungen. 1897 - 1903 wurde Neidenstein gründlich renoviert, weitere Instandsetzungsarbeiten erfolgten 1956/57.

Jetzige Verwendung: Privatbesitz.

Besichtigung: Eine Innenbesichtigung mit Führung kann vereinbart werden. Telefon (0 72 63) 17 44.

Lage: Über dem Ortszentrum Neidensteins, Schloßstraße 1.

Anfahrtswege: BAB 6 Mannheim-Stuttgart bis Sinsheim, dort B 292 Richtung Waibstadt. In Waibstadt auf die L 549 nach Neidenstein. Oder: B 37 Burgenstraße bis Neckargemünd, dort auf die B 45 Richtung Mauer bis Meckesheim. Dort L 549 Richtung Eschelbronn bis Neidenstein.

Wanderwege: Vom Ortskern Neidenstein durch den Schloßpark.

Auskünfte: Bürgermeisteramt Neidenstein, Rathaus, 74933 Neidenstein, Telefon (0 72 63) 7 84.

Hambacher Schloß

Im Innenbereich

Die Reichsfeste Kästenburg wurde in der ersten Hälfte des 11. Jahrhunderts von den Saliern errichtet. 1100 gelangte die Burg durch Schenkung in den Besitz des Speyerer Hochstifts. Während des Bauernkrieges 1525 und nochmals 1552 durch den Markgrafen Albrecht von Brandenburg zerstört. Nach notdürftigem Wiederaufbau wurde sie im Dreißigjährigen Krieg beschädigt. Die endgültige Zerstörung erfolgte im Pfälzischen Erbfolgekrieg. Die Ruine gelangte 1815 mit der linksrheinischen Pfalz an Bayern. 1823 wurde sie von Neustadter Bürgern erworben. Am 27. Mai 1832 war das Schloß Schauplatz der ersten Volksversammlung der neueren deutschen Geschichte. Rund 300.000 Männer und Frauen aus ganz Deutschland demonstrierten hier unter der schwarz-rot-goldenen Flagge für die Freiheit und Einheit Deutschlands (»Hambacher Fest«). 1842 schenkten die Pfälzer die Ruine dem bayerischen Kronprinzen Maximilian (»Maxburg«), der das Schloß teilweise in neugotischem Stil wieder aufbauen ließ (1844-49). Aus dem Nachlaß der Wittelsbacher erwarb 1952 der damalige Landkreis Neustadt die Anlage. Erste Restaurierungen erfolgten in den 50er Jahren, 1980/82 wurde das Schloß in seiner heutigen Form um- und ausgebaut.

Jetzige Verwendung: Gedenkstätte mit Ausstellungsräumen, Tagungsstätte.

Besichtigung: Das Schloß ist vom 1. März bis 30. November 9-17 Uhr geöffnet. Informationen über Veranstaltungen, Tagungen und Führungen erteilen: Kreisverwaltung Bad Dürkheim, Telefon (0 63 22) 96 10; Schloßverwaltung Hambach, Telefon (0 63 21) 3 08 81; Schloßschenke Hambach, Telefon (0 63 21) 3 13 25.

Veranstaltungen: Konzerte, Theater, Ausstellungen etc. Informationen: Kreisverwaltung Bad Dürkheim, Telefon (0 63 22) 79 63 28.

»Haus der Badisch-Pfälzischen Fasnacht«
Historische Dokumentation der Fasnacht im badisch-pfälzischen Raum
Wormser Landstraße 265 · 6720 Speyer · Tel. 06232/4 19 40
Öffnungszeiten:
Mittwoch 14-17 Uhr, jeden 2. Sonntag im Monat 9-12 und 14-17 Uhr.

Lage: Ortsteil Neustadt-Hambach.

Anfahrtswege: Aus Ludwigshafen: A 652, Abfahrt Neustadt-Süd, über die B 38 zum Ortsteil Neustadt-Hambach. Aus Richtung Speyer: Über die B 39 zum Ortsteil Hambach. In Hambach: Weinstraße - Dammstraße - Römerweg oder Schloßstraße bis zum Parkplatz.

Wanderwege: Die Wanderkarte »Neustadt a. d. W., Maikammer, Edenkoben, Landau«, Hrsg. Landesvermessungsamt Rhld.-Pf., 1:25 000, ist im Buchhandel erhältlich.

Auskünfte: Amt für Fremdenverkehr, Exterstr. 4, 67433 Neustadt a. d. W., Telefon (0 63 21) 9 26 80.

Literatur: Das Faltblatt »Das Hambacher Schloß« (Übersicht) ist erhältlich beim Amt für Fremdenverkehr.

Burg Spangenberg

Wahrscheinlich im letzten Drittel des 11. Jahrhunderts gegründet, seit 1100 Lehensburg des Hochstifts Speyer. 1317 als Erblehen an Ritter Diether Zoll übergeben. In dieser Zeit wurde die Anlage wesentlich erweitert und ausgebaut. 1470 wurde sie von den Leiningern wegen der Zerstörung der Leininger Feste Erfenstein angegriffen und stark beschädigt. Nach dem Wiederaufbau diente sie als Wohnung für die Stutmeister der bischöflich-speyerischen Pferdezucht. Im Dreißigjährigen Krieg wurde die Burg endgültig zerstört. Erst nachdem die Stadt Neustadt Eigentümerin der Ruine geworden war (1969), konnte, gemeinsam mit dem Verein Burg Spangenberg e. V. mit Erhaltungs- und Restaurierungsarbeiten begonnen werden. 1980 konnte ein neues Gebäude in der unteren Burganlage eingeweiht werden.

Jetzige Verwendung: Beliebtes Ausflugsziel, bewirtschaftet. Die Burgschänke ist geöffnet samstags 13-19 Uhr, sonn- und feiertags 10-19 Uhr, im Januar geschlossen. Telefon (0 63 25) 20 27.

Besichtigung: Teile der Burg sind jederzeit zugänglich. Besichtigung der anderen Teile sowie Führungen nach Absprache. Verein Burg Spangenberg e.V., Erfenstein, Telefon (0 63 25) 78 73.

Veranstaltungen: Tagungsmöglichkeiten. Anfragen beim Verein Burg Spangenberg e.V.

Lage: Westlich des Stadtkerns von Neustadt.

Anfahrtswege: Über die B 39 Neustadt-Kaiserslautern bis Lambrecht. Dort in das Elmsteiner Tal bis nach Erfenstein. Vom Parkplatz führt ein Fußweg zur Burg, Aufstieg ca. 20 Min.

Wanderwege: Die Wanderkarte »Neustadt a.d.W., Maikammer, Edenkoben, Landau«, Hrsg. Landesvermessungsamt Rhld.-Pf., 1:25 000, ist im Buchhandel erhältlich.

Auskünfte: Amt für Fremdenverkehr, Exterstr. 4, 67433 Neustadt a.d.W., Telefon (0 63 21) 9 26 80.
Verein Burg Spangenberg e.V., Herr Baumann, Schankentalstr. 3, Erfenstein, Telefon (0 63 25) 78 73.

Literatur: Gerhard Berzel, Burg Spangenberg im Elmsteiner Tal, Landau 1987, im Buchhandel erhältlich. Ein Faltblatt »Burg Spangenberg« mit Kurzinformationen ist beim Amt für Fremdenverkehr, Neustadt, erhältlich.

Jährlich neu:
FESTE MÄRKTE im RHEIN-NECKAR-RAUM
Alles über rund 700 Feste, Kerwen, Märkte, Messen in Nordbaden, Südhessen und Rheinland-Pfalz. Nur DM 15,-.

K. F. Schimper-Verlag · 68723 Schwetzingen

Burg Winzingen (Haardter Schloß)

Um 1100 gegründet, Reichslehen im Besitz des Bistums Speyer. Wahrscheinlich seit 1155 bis zum Ende des 18. Jahrhunderts pfalzgräflich. 1482 wurde hier Kurfürst Friedrich II. geboren. Während des Pfälzischen Erbfolgekrieges wurde die Burg 1696 zerstört. An der Stelle des äußeren Torbaus wurde 1876 eine Villa, Haardter Schloß, errichtet.

Jetzige Verwendung: Geschäfts- und Ausstellungsräume für Antiquitäten.

Besichtigung: Außenbesichtigung nur im Rahmen eines Besuches möglich (nach Anmeldung).

Veranstaltungen: Einmal jährlich Verkaufsausstellung im Herbst. Termin auf Anfrage. Telefon (06321) 32625).

Anfahrtswege: Nach Neustadt, in den Ortsteil Haardt (Mandelring 35).

Wanderwege: Die Wanderkarte »Neustadt a.d.W., Maikammer, Edenkoben, Landau«, Hrsg. Landesvermessungsamt Rhld.-Pf., 1:25 000, ist im Buchhandel erhältlich.

Auskünfte: Amt für Fremdenverkehr, Exterstr. 4, 67433 Neustadt a.d.W., Telefon (06321) 92680.

Wolfsburg

Wahrscheinlich im 12. Jahrhundert zum Schutz der Straße Neustadt-Kaiserslautern unter Pfalzgraf Konrad von Hohenstaufen, der das Gebiet als Lehen vom Bistum Speyer erhalten hatte, erbaut. Urkundlich wird die Befestigung erstmals 1255 genannt. Bis 1432 diente die Burg als Amtssitz der Kurpfälzischen Vögte. Während des Bauernkrieges 1525 wurde sie erstürmt und ausgeraubt. 1635 wurde die Wolfsburg von spanischen Heeren zerstört. Ein Wiederaufbau erfolgte nicht. Erst in neuester Zeit wurde mit Erhaltungs- und Renovierungsarbeiten begonnen.

Jetzige Verwendung: Beliebtes Ausflugsziel. Von April bis Oktober an den Wochenenden sowie mittwochnachmittags bewirtschaftet. Getränke, einfache Speisen.

Besichtigung: Jederzeit möglich.

Lage: Am Ende von Neustadt, Richtung Lindenberg.

Anfahrtswege: Nach Neustadt, B 39 Richtung Lambrecht/Kaiserslautern. Von der B 39 rechts in die Rotkreuzstraße, dann links in die Sauterstraße. Beim Sportplatz parken. Von dort geht ein Fußweg zur Burg, ca. 1/2 bis 1 Stunde.

EISENBAHNMUSEUM
67434 Neustadt/Weinstraße · Schillerstraße
Öffnungszeiten: Sa., So., Feiertage 10-16 Uhr
Historische Dampfzugfahrten mit dem
»Kuckucksbähnel« von Neustadt nach Elmstein
Termine auf Anfrage · Telefon 06325 / 8626

Wanderwege: Die Wanderkarte »Neustadt a.d.W., Maikammer, Edenkoben, Landau«, Hrsg. Landesvermessungsamt Rhld.-Pf., 1:25 000, ist im Buchhandel erhältlich.

Auskünfte: Amt für Fremdenverkehr, Exterstr. 4, 67433 Neustadt a.d.W., Telefon (0 63 21) 9 26 80.

Literatur: »Die Wolfsburg bei Neustadt an der Weinstraße«, Hrsg.: Stadt Neustadt a. d. W. Das Blatt kann vom Fremdenverkehrsamt bezogen werden.

Schloß Neuburg

Von den ehemals vier Burgen auf dem Gelände Obrigheims ist nur noch Schloß Neuburg erhalten. Ihre Bauanfänge reichen ins Jahr 1290; einer der ersten Besitzer war Diether von Obrigheim. 1400 war einer seiner Nachbesitzer, Berthold Vetzer, aus finanziellen Gründen gezwungen, die Anlage an König Ruprecht von der Pfalz zu verkaufen. Nachdem bereits im 14. Jahrhundert Um- und Ausbauten vorgenommen worden waren, erfolgten größere Baumaßnahmen auch im 16. Jahrhundert. Kurpfalz übergab die Burg in den folgenden Jahrhunderten als Mannlehen an verdiente pfälzische Beamte und Offiziere. Zwar war die Neuburg auch drei Jahre nach Beginn des Dreißigjährigen Krieges noch in relativ gutem Zustand, doch wurde in den folgenden anderthalb Jahrhunderten wenig zu ihrer Erhaltung getan. 1803 gelangte das Schloß an das Fürstentum Leiningen, 1845 kaufte sie Graf Carl von Leiningen-Billigheim. Bis 1869 wurden erhebliche Teile wieder aufgebaut. Nach mehreren Besitzerwechseln kaufte 1978 die Kernkraftwerke GmbH Obrigheim die Burg, renovierte sie gründlich und verpachtete sie als Hotel- und Gaststättenbetrieb.

Jetzige Nutzung: Hotel-Restaurant Schloß Neuburg, 74847 Obrigheim, Telefon (0 62 61) 70 01.

Besichtigung: Nur für Hotelgäste möglich.

Veranstaltungen: Tagungen. Anfragen: Hotel-Restaurant Schloß Neuburg.

Anfahrtswege: B 37 Burgenstraße bis Diedesheim, dort über den Neckar. Am Anfang von Obrigheim die Hochhäuser Straße (L 588) bis zur ersten Abzweigung rechts. Bei Gabelung links in die Schloßstraße. Oder: Aus südlicher Richtung B 292 über Aglasterhausen nach Obrigheim. Auf der rechten Seite mündet die Schloßstraße ein.

Auskünfte: Gemeindeverwaltung Obrigheim, Hauptstr. 7, 74847 Obrigheim, Telefon (0 62 61) 64 60.

Literatur: Walter Kropf, Obrigheim am Neckar. Vergangenes und Vergessenes. Ein Beitrag zur Chronik von Obrigheim, Mörtelstein und Asbach. Obrigheim 1985. Die Chronik kann von der Gemeindeverwaltung bezogen werden.

Freistehende Steinmetzarbeit

OPER, SCHAUSPIEL, BALLETT UND KONZERTE

ALLJÄHRLICH IN DER ZEIT
VON APRIL BIS JUNI

SCHWETZINGER FESTSPIELE

Karten und Informationen:
Geschäftsstelle der Schwetzinger Festspiele
68709 Schwetzingen - Postfach 1924 - Telefon 06202 / 49 33

Schloß Rotenberg

Erstmals im 13. Jahrhundert erwähnt. Eigentum der Bischöfe von Speyer, im 15. Jahrhundert zeitweilig der Kurpfalz, die die Burganlage häufig verpfändeten. Während des Bauernkrieges von den Aufständischen besetzt. 1540-42 Ausbau der Burg zu einem Schloß durch Philipp II. Freiherr von Flersheim. 1633 von den Schweden niedergebrannt, nach Beendigung des Dreißigjährigen Krieges wieder aufgebaut. Sitz des Verwaltungsamtes Rotenberg bis 1739. Nachdem der Verwaltungssitz nach Rauenberg verlegt wurde, verfiel das Schloß nach und nach. Anfang dieses Jahrhunderts erfolgte der Wiederaufbau.

Jetzige Verwendung: Jugendburg des Bezirksjugendringes Nordbaden.

Besichtigung: Nur Außenbesichtigung möglich.

Lage: BAB 6 Mannheim-Stuttgart, Abfahrt Wiesloch/Rauenberg. Umgehung B 39 über Rauenberg. Umgehung B 39 über Rauenberg bis Stadtteil Rotenberg. Die Schloßstraße führt zur Jugendburg.

Auskünfte: Jugendburg des Bezirksjugendringes Nordbaden, Schloßstraße, 69231 Rauenberg-Rotenberg, Telefon (06222) 63110. Stadtverwaltung Rauenberg, Postfach 1154, 69231 Rauenberg, Telefon (06222) 6190.

Literatur: H.-D. Henschel, 650 Jahre Stadt Rotenberg, Rauenberg 1988. Zu beziehen über die Stadtverwaltung Rauenberg.

Schloß Merchingen

Das Merchinger Schloß bildet zuammen mit der Ev. Kirche und der Grundschule den optischen Mittelpunkt des Ravensteiner Stadtteils.

Der Ursprung des Schlosses ist nicht mehr genau feststellbar. Ältester Teil dürfte der südliche Turm sein. (12. / 13. Jahrhundert). Als ältester Ortsadel werden die Herren von Aschhausen mit dem Schloß in Verbindung gebracht (1303). Heute gehört das Schloß drei verschiedenen Eigentümern. Wohnmietshaus: Freifrau Anna-Benedikta v. Berlichingen, Winkelbau mit Torbogen: Privat. Südl. Schloßteil, Schloßhof und Schloßwiese: Stadt Ravenstein. Der Saal im Untergeschoß des stadteigenen Schloßteils wurde vom ortsansässigen Kunstmaler Rudolf Warnecke mit Motiven des Bauernkrieges im Bauland ausgemalt. Im Saal des Obergeschosses sind mehrschichtige, sehr wertvolle Fresken vorhanden. Im Dachgeschoß sind Vereinsräume und ein Museum untergebracht.

Jetzige Verwendung: Örtliche und überörtliche Veranstaltungen wie Tagungen, Familienfeiern, Hochzeiten, Geburtstagsjubiläen, bei Voranmeldung Abschluß für Busfahrten/Ausflüge.

Schimper-Regional:

Die Buchreihe für Heimatliteratur aus dem kurpfälzischen Raum. Erhältlich in allen guten Buchhandlungen.

Besichtigung: Nach Absprache, über das Bürgermeisteramt 06297/511 oder Förderverein Schloß mit Heimatmuseum e.V., 06297/281.

Führungen: Absprache über Bürgermeisteramt.

Veranstaltungen: Feste und Feiern der örtlichen Vereine, Pfingstmarkt, Tagungen, Familienfeiern.

Lage: Südöstlicher Teil des Neckar-Odenwald-Kreises bei Osterburken.

Anfahrtswege: Autobahnausfahrt Osterburken HN-WÜ, Richtung Ravenstein, 2 km Stadtteil Merchingen L 515, halbe Strecke Osterburken-Krautheim.

Wanderwege: Gut ausgebaute Feld- und Wanderwege, nicht ausgezeichnet.

Auskünfte: Bürgermeisteramt, 74747 Ravenstein, Herr Weber, Tel. 06297/511. Förderverein Schloß mit Heimatmuseum e.V., Tel. 06297/281. Gaststättenbetrieb, Jürgen Ullrich, Telefon 06297/648 oder 678.

Literatur: Heimatbuch Merchingen.

Im 1300 ließen die Herren von Dürn eine Burg erbauen, deren Teile beim großen Umbau 1591 durch Dietrich Echter von Mespelbrunn in die neue Anlage mit einbezogen wurden. Nach dem Aussterben der Linie gelangte das Schloß an das Fürstbistum Würzburg und wurde Sitz eines Oberamtes. Schon während dieser Zeit wurden keine Unterhaltungsmaßnahmen vorgenommen - auch nicht, als 1803 der Fürst zu Leiningen die Anlage übernahm. 1836 ließ die Domänenverwaltung des Fürsten das Schloß abreißen, weil eine Restaurierung zu teuer geworden wäre. Nur der ehemalige Torturm blieb stehen.

Jetzige Verwendung: Private Nutzung, Wohnräume.

Besichtigung: Nur Außenbesichtigung möglich.

Lage: Walldürn-Rippberg.

Anfahrtswege: B 37/B 27/B 47, Burgen-, Nibelungenstraße. Rippberg liegt zwischen Walldürn und Amorbach an der B 47.

Auskünfte: Verkehrsamt Walldürn, Hauptstraße 27, 74731 Walldürn, Telefon (06282) 67107.

Schloß Rippberg

Strahlenburg

Rhein Tauber Literatur
Brühlstraße 57, Postfach 1347
69207 Sandhausen
Telefon 06224 / 2869

Schriesheim / Schwarzach

Mit dem Bau wurde um 1235 unter Conrad I. von Stralenberg begonnen. Da das Areal, auf dem die Burg aufgebaut wurde, dem Kloster Ellwangen gehörte, mußte Conrad, nach einem Vergleich, Ellwangen als Lehensherren anerkennen. Schon 1329 jedoch mußte Rennewart von Stralenberg die Burg und Schriesheim an Hartmut von Cornberg verpfänden. Dieser ließ die Strahlenburg, wohl in der Annahme, die Stralenberger könnten die finanziellen Mittel für eine Ablösung nicht aufbringen, gründlich um- und ausbauen. Nach Cronbergs Tod 1338 kam es wieder zum Tauziehen zwischen Mainz und der Pfalz um die Strahlenburg und Schriesheim: Als Mainz und der Sohn des Cronbergers 1346 einen Kaufvertrag abgeschlossen hatten, machte Rennewart von Stralenberg seine Einlöserechte geltend - und konnte zugleich die erforderliche Summe vorweisen. Kurpfalz hatte ihm diese schon einige Jahre zuvor zur Verfügung gestellt. 1347 verkaufte Rennewart dann die Strahlenburg und Schriesheim mit allen Rechten an Ruprecht den Älteren. Die Burg wurde für rund 150 Jahre Sitz eines kurpfälzischen Kellers. Um 1500 brannte die Burg ab - möglicherweise wurde sie 1504 während des bayerischpfälzischen Erbfolgekrieges durch hessische Truppen ausgebrannt. Ein Wiederaufbau erfolgte nicht. Teile der noch vorhandenen Mauern wurden 1733 offiziell abgebrochen. Die Grafen von Oberndorff, seit 1784 Erbpächter, ab 1828 Eigentümer, ließen Aufräumungsarbeiten durchführen und verhinderten einen weiteren Verfall.

Jetzige Verwendung: Beliebtes Ausflugsziel, bewirtschaftet. Öffnungszeiten des Burg-Gasthofs: März - Dezember täglich, außer montags, Januar bis Mitte Februar geschlossen.

Besichtigung: Während der Öffnungszeiten des Burg-Gasthofs möglich.

Veranstaltungen: Tagungen. Auskünfte: Familie Lauer, Burg-Gasthof Strahlenburg, 69198 Schriesheim, Telefon (06203) 61232.

Anfahrtswege: B 3 bis Schriesheim, Ortsdurchfahrt Schriesheim, Richtung Wilhelmsfeld bis Abzweigung Strahlenberger Straße - ab dort ausgeschildert.

Wanderwege: Vom Rathaus Schriesheim führen verschiedene Wanderwege zur Burg: Wege durch Weinberge, leichter Fußweg, ca. 25 Min., auf dem »Burgweg«, steiler Fußweg, 20 Min., »Burgstaffel«, steiler Fußweg, 15 Min.
Bei der Strahlenburg befindet sich ein Waldparkplatz mit einer Wandertafel, die Rundwanderwege ausweist.

Auskünfte: Verkehrsverein Schriesheim e. V., Rathaus, 69198 Schriesheim, Telefon (06203) 60241 und 60242.

Literatur: »Informationsbuch Schriesheim«, Schriesheim 1982, mit einer knappen Darstellung der Geschichte der Strahlenburg. Das Buch ist beim Verkehrsverein erhältlich.
Hermann Brunn, 1200 Jahre Schriesheim, Mannheim 1964, im Buchhandel erhältlich.

Burg Schwarzach

Die Veste Schwarzach bzw. Neckarschwarzach wurde wahrscheinlich Anfang des 14. Jahrhunderts erbaut, ihr Eigentümer war das Domstift Worms. 1319 übergab Konrad von Weinsberg, mit Wormser Billigung, das Lehen an Kurpfalz. Bis zum Dreißigjährigen Krieg gab Kurpfalz die Burg pfand- oder lehensweise an Adelsgeschlechter, u. a. an Christoph Landschad von Steinach, die Herren von Handschuhsheim, Pleikart von Helmstadt. Schon vor Ausbruch dieses

Krieges wird Schloß Schwarzach als in schlechtem Zustand beschrieben - dies änderte sich auch nicht, als 1634 ein kurpfälzischer Amtskeller einzog. Die Anlage verfiel zusehends, bis sie zwischen 1780 und 1800 umgebaut wurde. Nachdem Schwarzach badisch geworden war, wurde die Burg in ein Forsthaus umgewandelt. Von der alten Wasserburg blieben Teile des Grabens sowie Reste der Ecktürme.

Jetzige Verwendung: Staatl. Forstamt mit angegliederter Storchenaufzuchtstation.

Besichtigung: Nur Außenbesichtigung, während der Dienstzeiten, möglich. Montags bis freitags von 8-12 und 14-16 Uhr. Die Storchenaufzuchtstation ist für den allgemeinen Publikumsverkehr gesperrt. Für angemeldete Gruppen besteht die Möglichkeit einer Führung. Anmeldung / Absprache: Staatl. Forstamt Schwarzach, Schloßweg 1, 74869 Schwarzach, Telefon (06262) 6211.

Anfahrtsweg: Aus Süden: Über Neckarbischofsheim bis Aglasterhausen auf die L 590, Richtung Neunkirchen. Oder: B 37 Burgenstraße bis Eberbach, dort über den Neckar, Richtung Rockenau, Neunkirchen. In Schwanheim die L 590 nach Schwarzach. In Unterschwarzach die Hauptstraße L 633 Richtung Oberschwarzach. Auf der halben Strecke liegt das Forsthaus.

Wanderwege: Der »Ortsplan Schwarzach mit Wanderkarte« ist beim Bürgermeisteramt Schwarzach, Hauptstraße, Ortsteil Unterschwarzach, 74869 Schwarzach, Telefon (06262) 92090, kostenlos erhältlich.

Auskünfte: Bürgermeisteramt, 74869 Schwarzach, Staatl. Forstamt Schwarzach.

Schloß Schwetzingen

Die ursprüngliche Wasserburg, die im 13. Jahrhundert mitsamt der Gemarkung unter die Oberhoheit der Pfalzgrafen kam, wurde im 15. und 16. Jahrhundert erweitert und zu einem Jagdschloß mit Garten ausgebaut. Das Schloß wurde im Dreißigjährigen Krieg und im Pfälzischen Erbfolgekrieg zerstört und beide Male wieder aufgebaut. Als 1720 die Kurpfälzische Residenz von Heidelberg nach Mannheim verlegt wurde, diente Schwetzingen vorübergehend als Regierungssitz. Unter Carl Theodor wurde Schloß Schwetzingen zur Sommerresidenz, das Schloß wurde ausgebaut, der Schloßgarten erweitert und neu angelegt.

Storchenaufzuchtstation

Ansicht vom Schloßgarten

SCHWETZINGER FESTSPIELE

OPER, SCHAUSPIEL, BALLETT UND KONZERTE

ALLJÄHRLICH IN DER ZEIT
VON APRIL BIS JUNI

Karten und Informationen:
Geschäftsstelle der Schwetzinger Festspiele
68709 Schwetzingen - Postfach 1924 - Telefon 06202 / 4933

Schwetzingen / Sinsheim 88

Moschee

Schloßmuseum

Jetzige Verwendung: Theater, Schloßverwaltung, Fachhochschule für Rechtspflege.

Besichtigung: Der berühmte Schloßgarten kann jederzeit besichtigt werden. Besichtigung der 1991 fertiggestellten Innenräume.

Öffnungszeiten: Schloßgarten: Ganzjährig geöffnet. Schloß: Außer Montag 10-16 Uhr; Oktober - März 11, 14, 15 Uhr.

Veranstaltungen: Schwetzinger Festspiele, Mozartfest, Konzerte, Theater, Seminare und Tagungen. Auskünfte: Staatl. Schloßverwaltung, Schloß, 68723 Schwetzingen, Telefon (06202) 81482.

Lage: Zentrum Schwetzingen.

Anfahrtswege: BAB 6, Mannheim-Stuttgart, Abfahrt Mannheim / Schwetzingen oder Schwetzingen / Hockenheim. B 36 oder B 291 nach Schwetzingen-Zentrum.

Auskünfte: Verkehrsverein Schwetzingen, Schloßplatz 2, 68723 Schwetzingen, Telefon (06202) 4933.

Literatur: Schloßführer, Schloßgartenführer (deutsch, englisch), K. F. Schimper-Verlag, Schwetzingen.

Schloß Neuhaus

Schloß Neuhaus wird erstmals in einem Kaufbrief von 1329 erwähnt. Bis heute in Privatbesitz.

Jetzige Verwendung: Privatbesitz.

Besichtigung: Nur Außenbesichtigung möglich.

Villa Guggolz
HOTEL GARNI

Zähringer Straße 51
68723 Schwetzingen
Telefon 0 62 02 / 2 50 47
Telefax 0 62 02 / 2 50 49

Lage: Sinsheim-Ehrstädt.

Anfahrtswege: BAB 6 Mannheim-Stuttgart, Abfahrt Steinsfurt. Von Steinsfurt aus nach Ehrstädt. Kurz vor Ehrstädt, bei der alten Mühle und dem Jägerhaus, führt ein Weg durch den Mühlwald zum Schloß.

Wanderwege: Die Karten »Wandern und Radwandern um den Steinsberg« und »Wanderkarte Erholungsgebiet Kraichgau - mit Radwanderwegen« sind gegen Entgelt beim Verkehrsamt Sinsheim erhältlich.

Auskünfte: Verkehrsamt Sinsheim, Wilhelmstraße, 74889 Sinsheim, Telefon (07261) 40407.

Burg Steinsberg

Zu Beginn des 12. Jahrhunderts erbaut, ging die Burg um 1200 in den Besitz der Grafen von Öttingen über. Kurze Zeit später gelangte sie an die Pfalzgrafen und wurde Sitz eines Amtes. Im 15. Jahrhundert ließ Kurpfalz die Anlage ausbauen und verstärken sowie den Palas erbauen, der imposante achteckige Bergfried in der Mitte der Anlage stammt aus dem 13. Jahrhundert. 1517 wurde Steinsberg an die Herren von Veningen verkauft, deren Vorfahren schon seit Ende des 14. Jahrhunderts als pfälzische Amtsleute auf der Burg gesessen hatten. Im Bauernkrieg 1525 wurde auch Steinsberg niedergebrannt. Nach dem Wiederaufbau blieb die Burg bis 1717 Wohnsitz der Herren von Venningen. Nach einem Blitzschlag im Turm wurden alle Holzteile ausgebaut und die Burg aufgegeben. 1973 kaufte die Stadt die Anlage.

Jetzige Verwendung: Ausflugsziel, bewirtschaftet. Restaurant und Bewirtung im Burghof. März-November täglich geöffnet, sonst nach Vereinbarung.

Besichtigung: März-November täglich ab 9 Uhr, sonst nach Vereinbarung. Führungen können vereinbart werden. Kontaktadresse; I. Weiß, Beethovenstr. 12, 6920 Sinsheim-Reihen, Telefon (07261) 64796.

Veranstaltungen: Sommerserenaden. Auskünfte: Stadtverwaltung Sinsheim, Amt 40, 74889 Sinsheim, Telefon (07261) 404156.

Lage: Nördlich von Sinsheim-Weiler auf Basaltkegel.

Anfahrtswege: BAB 6 Mannheim-Stuttgart, oder B 45, oder B 292 nach Sinsheim. Von dort Landstraße (Verbindungsstraße) nach Sinsheim-Weiler. Die Zufahrt zur Burg ist auf der Verbindungsstraße ausgeschildert.

Wanderwege: Die Karten »Wandern und Radwandern um den Steinsberg« und »Wanderkarte Erholungsgebiet Kraichgau - mit Radwanderwegen« sind gegen Entgelt beim Verkehrsamt Sinsheim erhältlich.

Auskünfte: Verkehrsamt Sinsheim, Wilhelmstraße, 74889 Sinsheim, Telefon (07261) 404109.

Wehrgang

DIE EISENECKE **MGS**
Schwetzinger **Geschenkhaus**
Michael Stiess
DAS FACHGESCHÄFT IM STADTZENTRUM
Carl-Theodor-Straße 8 · 68723 Schwetzingen · ☎ 06202/3001

Burg Waldangelloch

Erbaut um 1206, wahrscheinlich durch die Grafen von Eberstein. Die Ebersteiner überließen im 13. Jahrhundert die Burg als Mannlehen den Herren von Angelach. Die Anlage verblieb bis zum Aussterben der Linie 1608 im Besitz der Angelacher, dann zog das Haus Eberstein das Lehen wieder ein. In der Folgezeit blieb das Schloß praktisch unbewohnt, lediglich ein Burgvogt der Ebersteiner richtete hier seinen Verwaltungssitz ein. Nachdem 1660 auch die männliche Linie der Ebersteiner erloschen war, übertrug die Witwe Casimirs von Eberstein ihre Besitzungen an den Herzog von Württemberg, der kurz darauf einen Teil der baufälligen Gebäude renovieren ließ. 1806 tauschte Württemberg Waldangelloch an Baden ein. Nur ein Jahr später ließ der Großherzog von Baden auch Burg Waldangelloch versteigern. Überlegungen der badischen Regierung und der Gemeinde gegen Ende des 19. Jahrhunderts, daß Schloß zurückzukaufen, scheiterten an Geldmangel. Das Herrenhaus wurde auf Abbruch verkauft. Lediglich zwei Ecktürme blieben erhalten, die zu Wohnzwecken umgebaut wurden.

Jetzige Verwendung: Private Nutzung.

Besichtigung: Nur Außenbesichtigung möglich.

Lage: Sinsheim-Waldangelloch, zwischen Michelfeld und Waldangelloch.

Anfahrtswege: BAB 6 Mannheim-Stuttgart, Abfahrt Steinsfurt, dort Richtung Reihen-Ittlingen; bis Reihen, dann nach Weiler - an Burg Steinsberg vorbei - dort nach Waldangelloch.
Oder: Abfahrt Rauenberg, B 39 über Mühlhausen, Eichtersheim, Michelfeld. Von der Mittelfelder Straße in Michelfeld geht die Sommerwaldstraße ab. Dieser folgen, nach ca. 100 m führt ein Fußweg rechts hoch zum Schloß.

Wanderwege: Die Karten »Wandern und Radwandern um den Steinsberg« und »Wanderkarte Erholungsgebiet Kraichgau - mit Radwanderwegen« sind gegen Entgelt beim Verkehrsamt Sinsheim erhältlich.

Auskünfte: Verkehrsamt Sinsheim, Wilhelmstraße, 74889 Sinsheim, Telefon (07261) 40 41 07.

Literatur: Karl Keller, Aus Waldangellochs Vergangenheit, Hrsg. Ortschaftsrat Waldangelloch, Sinsheim 1975. Zu erwerben über das Verkehrsamt Sinsheim.

Wachtenburg

Im 12. Jahrhundert von Konrad II. bzw. Friedrich I. (Babarossa) erbaut. Pfalzgraf Konrad von Staufen gab die Burg und das

Reichsdorf Wachenheim den Reichsministerialen von Bolanden zu Lehen. Im 13. Jahrhundert wurde die Festung stark ausgebaut. Im gleichen Jahrhundert schenkte Rudolf von Habsburg die Reichsburg dem Pfalzgrafen Ludwig II. Im Pfälzischen Familienvertrag von Pavia (1329) wurde Wachenheim der Kurlinie zugeschrieben; bei der großen Teilung der Kurpfalz 1410 fiel sie an die neue Linie Pfalz-Zweibrücken. Schon 1470 / 71 jedoch eroberte Kurfürst Friedrich I. der Siegreiche Burg und Stadt. Die Wachtenburg wurde ausgebrannt, die Kurfürsten ließen die Anlage nur geringfügig ausbessern. Nach dem Bauernkrieg 1525 spielte sie endgültig keine Rolle mehr. Im Pfälzischen Erbfolgekrieg sprengten die Franzosen noch den Bergfried. Die Ruine mit umliegendem Gelände gelangte 1717 als Lehen an die Grafen von Sickingen. Ab Ende des 18. Jahrhunderts erfolgte ein häufiger Besitzerwechsel. Von 1884 - 1984 gehörte sie der Familie Bürklin. Zunehmende Schäden machten die Schließung des Geländes für Besucher erforderlich. Nachdem die Stadt Wachenheim 1984 Eigentümerin geworden war, begannen die wichtigsten Sanierungsarbeiten.

Jetzige Verwendung: Beliebtes Ausflugsziel, bewirtschaftet. Öffnungszeiten der Burgschenke: 1. Mai - 31. Oktober: Sa / So ab 11 Uhr, Mi / Do / Fr ab 17 Uhr. 1. Nov. - 30. April: Sa / So ab 11 Uhr, Fr ab 17 Uhr.

Besichtigung: Jederzeit möglich.

Anfahrtswege: Ab Bad Dürkheim oder Neustadt a.d.W. über die B 271 nach Wachenheim. Zufahrt zur Ruine nicht möglich. Von der Schloßgasse in Wachenheim ist die Wachtenburg über einen Treppenweg erreichbar, ca. 25 Min.

Wanderwege: Ab Ortsmitte führt ein leicht begehbarer Waldweg zur Ruine, ca. 45 Min. »Faltplan Wachenheim a. d. W.«, kleiner Stadtplan. »Weinwanderrundwegenetz der Stadt Wachenheim«, Faltblatt, »Wanderkarte durch den Naturpark Pfälzerwald und durch die berühmten Weinlagen der Verbandsgemeinde Wachenheim«, Hrsg.: Fremdenverkehrsamt Wachenheim, können beim Fremdenverkehrsamt Wachenheim kostenlos bezogen werden.

Auskünfte: Fremdenverkehrsamt der Verbandsgemeinde Wachenheim, Weinstr. 16, 67157 Wachenheim a.d.W., Telefon (06322) 4026.

Literatur: »Ruine Wachtenburg«, Hrsg. Förderkreis zur Erhaltung der Ruine Wachtenburg e.V., Wachenheim 1988, kann vom Fremdenverkehrsamt Wachenheim bezogen werden.

Burg Walldürn

Die Burg zu Dürn wurde wahrscheinlich im 12. Jahrhundert erbaut und um 1200 durch Ruprecht von Dürn zur Stammburg ausgebaut. Urkundlich erwähnt wird die Anlage erstmals 1251. Schon 1294 waren die Herren von Dürn gezwungen, ihren Stammsitz dem Erzbistum Mainz zu verkaufen, das bis 1803 Eigentümerin blieb. Größere Um- und Ausbauten wurden wohl schon im 14. Jahrhundert vorgenommen, als Burg Dürn mainzischer Amtssitz wurde. Ende des 15. Jahrhunderts erfolgten weitere Um- und Ausbauten. Im Bauernkrieg von 1525 wurde die Anlage zwar geplündert, erlitt aber wohl keine schweren Zerstörungen. Nach dem Übergang an Baden 1805 und der Einrichtung eines Bezirksamtes folgten weitere Änderungen, u. a. wurden Turm und Ostflügel abgerissen. 1938 kaufte die Stadt Walldürn die Anlage und brachte hier städtische Ämter unter.

Jetzige Verwendung: Verwaltungsgebäude der Stadt.

Besichtigung: Während der Bürostunden möglich.

Lage: Zentrum Walldürn, Burgstraße 3.

Anfahrtswege: B37 / B27 / B47 Burgen-, Nibelungenstraße, nach Walldürn-Zentrum.

Auskünfte: Verkehrsamt Walldürn, Hauptstraße 27, 74731 Walldürn, Telefon (0 62 82) 6 71 07.

Literatur: Peter Assion, Burg und Kellerei Walldürn, in: Der Odenwald, Sonderheft 2, 1979.

Schloß Weinheim

Nachdem Pfalzgraf Ludwig im 15. Jahrhundert mehrere Höfe in Weinheim aufgekauft hatte, wurde nördlich des Obertors mit dem Bau eines Schlosses begonnen. 1504 handelte es sich um einen reinen Wehrbau. 1546-1552 nahm Ottheinrich hier seinen Wohnsitz, von 1698 - 1700 diente die Anlage der Hofhaltung Kurfürst Johann Wilhelms nach der Zerstörung Heidelbergs. Ab 1700 wurde das Schloß umgebaut. 1737 entstand der Renaissance-Bau, ab 1775 neue Wirtschafts- und Verwaltungsgebäude. 1794 zog der Hof von Carl Theodors Frau Elisabeth Augusta ins Weinheimer Schloß. 1809 verkaufte Baden die Anlage an Privatbesitzer - Mitte des 19. Jahrhunderts wurden die Wirtschaftsgebäude abgerissen und der große Turm aufgebaut. Seit 1938 ist das Schloß Eigentum der Stadt Weinheim.

Jetzige Verwendung: Rathaus und Restaurant.

Besichtigung: Nur Außenbesichtigung möglich. Restaurant hat dienstags Ruhetag.

Veranstaltungen: Kultursommer im Park und Schloßhof. Auskünfte: Stadtbibliothek, Luisenstraße 5, 69469 Weinheim, Telefon (0 62 01) 6 40 11.

Lage: Stadtzentrum Weinheim, Obertorstraße 9.

Anfahrtswege: BAB 5 Frankfurt-Basel oder B 3 bis Weinheim. B 38 Richtung Stadtmitte, B 3 Richtung Schloßpark. Ab dort ausgeschildert.

Auskünfte: Verkehrsverein-Reisebüro e.V., Bahnhofstraße 15, 69469 Weinheim, Telefon (0 62 01) 99 11 17.

Literatur: »Weinheim an der Bergstraße. Eine historische Betrachtung.« Die Broschüre, mit kurzen Beschreibungen der Sehenswürdigkeiten, ist beim Verkehrsverein Weinheim erhältlich.

Wachenburg

1907 erbaut im Auftrag der Vereinigung alter Corpsstudenten.

𝔇𝔦𝔢𝔟𝔰𝔩𝔬𝔠𝔥
Marktplatz 11
69469 Weinheim
Telefon 06201/67346

Jetzige Verwendung: Restaurant und private Nutzung des Studentencorps. Dienstags Ruhetag.

Besichtigung: Jederzeit möglich.

Veranstaltungen: Jazzfestival, Studentenversammlungen der Vereinigung. Auskünfte: WSC Wachenburg, Telefon (06201) 1 21 73.

Lage: Über Weinheim.

Anfahrtswege: BAB 5 Frankfurt-Basel oder B 3 bis Weinheim. B 38 / B 3 bis Stadtmitte, ab dort ausgeschildert, Parkplatz an der Burg.

Wanderwege: Ab Weinheim ca. 3-4 km mittelschwerer Fußweg.

Auskünfte: Verkehrsverein-Reisebüro e.V., Bahnhofstraße 15, 69469 Weinheim, Telefon (06201) 99 11 17.

Literatur: »Weinheim an der Bergstraße. Eine historische Betrachtung«. Die Broschüre, mit kurzen Beschreibungen der Sehenswürdigkeiten, ist beim Verkehrsverein Weinheim erhältlich.

Historischer Ziehbrunnen

Burg Windeck

Anfang des 12. Jahrhunderts durch den Abt des Klosters Lorsch errichtet. Nachdem die Pfalzgrafen schon im 12. Jahrhundert die Burg immer wieder in Anspruch genommen hatten, teilte nach dem Schiedsspruch von 1264 die Windeck das Schicksal Weinheims und gehörte fast ununterbrochen zur Kurpfalz. Im Dreißigjährigen Krieg wurde die Anlage beschädigt, 1665 wieder aufgebaut. Endgültig zerstört wurde sie wahrscheinlich 1674 im Reichskrieg gegen Frankreich. 1685 erscheint sie als unbewohnte Ruine. Erste Sicherungs- und Erhaltungsarbeiten wurden ab 1908 durchgeführt. Ab 1982 erfolgten Sanierungsarbeiten.

Jetzige Verwendung: Beliebtes Ausflugsziel, bewirtschaftet.

Besichtigung: Jederzeit möglich.

Lage: Über Weinheim gelegen.

Anfahrtswege: BAB 5 Frankfurt-Basel oder B 3 bis Weinheim. B 38 Richtung Stadtmitte, von dort an ausgeschildert.

Wanderwege: Ein mittelschwerer Fußweg führt von Weinheim, bergaufwärts, zur Burg, 2-3 km. Materialien können vom Verkehrsverein Weinheim angefordert werden.

Auskünfte: Verkehrsverein-Reisebüro e.V., Bahnhofstraße 15, 69469 Weinheim, Telefon (0 62 01) 99 11 17.

Literatur: »Weinheim an der Bergstraße. Eine historische Betrachtung.« Die Broschüre, mit kurzen Beschreibungen der Sehenswürdigkeiten, ist beim Verkehrsverein Weinheim erhältlich.

OPER, SCHAUSPIEL, BALLETT UND KONZERTE

ALLJÄHRLICH IN DER ZEIT
VON APRIL BIS JUNI

SCHWETZINGER FESTSPIELE

Karten und Informationen:
Geschäftsstelle der Schwetzinger Festspiele
68709 Schwetzingen - Postfach 1924 - Telefon 06202 / 49 33

Burg Hohenhardt

Der Bau von Burg Hohenhardt geht ins 12. Jahrhundert zurück. Das Geschlecht derer von Hohenhardt wird erstmals 1127 erwähnt, ab Ende dieses Jahrhunderts waren sie Lehnsleute des Klosters Lorsch. Im 14. Jahrhundert war die Anlage im Besitz mehrer Teilhaber, unter ihnen Friedrich von Sickingen. Ende des gleichen Jahrhunderts erhielt Wilprecht von Hohenhardt die Burg als pfälzisches Lehen. Kurpfalz belehnte bis 1593 die Sturmfeder mit Hohenhardt, dann wurde das pfälzische Kammergut verkauft. Als die Burg zu Beginn des 17. Jahrhunderts niedergerissen und zum Gutshof umgebaut wurde, blieb lediglich der Wohnturm stehen, den man 1694 zu einem dreigeschossigen Herrenhaus umbaute. Bis 1946 blieb der Hohenhardter Hof Adelsbesitz, häufiger Besitzerwechsel, dann diente das Herrenhaus als Wohngebäude verschiedener Bauern. Seit 1983 Hotel mit Freizeitanlage, u. a. Golfplatz.

Jetzige Verwendung: Hotel »Golf-Hotel Hohenhardter Hof«, Wohnhaus, 69168 Wiesloch, Telefon (06222) 74031. 18-Loch-Golfanlage.

Besichtigung: Nur Außenbesichtigung möglich.

Anfahrtswege: BAB 5 Frankfurt-Basel, Abfahrt Walldorf-Wiesloch oder Wiesloch-Rauenberg. Über Wiesloch auf der L 547 zum Stadtteil Baiertal.

Auskünfte: Stadtarchiv Wiesloch, Marktstraße 13, 69168 Wiesloch, Telefon (06222) 84305.

Schloß Schatthausen

Obwohl erstmals 1562 eine Burg von Schatthausen urkundlich erwähnt wird, dürfte schon Ende des 14. Anfang des 15. Jahrhunderts eine Wasserburg existiert haben. Die Herren von Bettendorf ließen Mitte des 16. Jahrhunderts das Schloß instandsetzen und umbauen. Weitere Veränderungen der Anlage erfolgten im 17. Jahrhundert (Torbau) und Anfang des 18. Jahrhunderts, Bau des östl. Flügels und der Wirtschaftsgebäude. Der innere, das Schloß schützende Graben wurde zugeschüttet; der äußere Wassergraben, um den Schloßbezirk und Gutshof herum, blieb bestehen.

Jetzige Verwendung: Privatbesitz, Wohngebäude.

Besichtigung: Nur Außenbesichtigung möglich.

Lage: Wiesloch-Schatthausen, Ravensburgstr. 2.

Buchhandlung
KIESER
68723 Schwetzingen
Carl-Theodor-Straße 6
(Nähe Schloßplatz)
Telefon (06202) 21898
Telefax (06202) 24833

Wieslocher Freihof

Anfahrtswege: L 547, von Wiesloch nach Mauer, bis Schatthausen. Das Schloß liegt direkt am Ortseingang, Osten, an der L 547.

Auskünfte: Stadtarchiv Wiesloch, Marktstraße 13, 69168 Wiesloch, Telefon (06222) 84305.

Der Steinbau mit seinen steilen Treppengiebeln wurde wahrscheinlich in der ersten Hälfte des 14. Jahrunderts errichtet; der erste schriftliche Beleg weist 1340 Reinhard von Sickingen als Lehensträger des Erzstiftes Mainz aus. In den folgenden Jahrhunderten wechselten die Besitzer recht häufig: Von Neipert, von Sturmfeder, von Lietzen - um einige zu nennen. In einer Verkaufsurkunde von 1784 wird er als adliger Freihof beschrieben, der von einer Ringmauer umgeben war. Innerhalb der Mauern befanden sich Herrenhaus, Scheune, Stallungen, Bedienstetengebäude. Im 20. Jahrhundert wurde der Freihof restauriert.

Jetzige Verwendung: Restaurant.

Besichtigung: Innenbesichtigung ist während eines Besuchs des Restaurants möglich.

Lage: Stadtzentrum Wiesloch, Freihofstraße.

Schloß Herrnsheim

Anfahrtswege: BAB 5 Frankfurt-Basel, Abfahrt Walldorf-Wiesloch oder Wiesloch-Rauenberg. Ins Stadtzentrum Wiesloch.

Auskünfte: Stadtarchiv Wiesloch, Marktstraße 13, 69168 Wiesloch, Telefon (06222) 84305.

Erbaut um 1460 durch Philipp Kämmerer von Worms, genannt von Dalberg. Wahrscheinlich handelte es sich bei dieser ersten Residenz der berühmten Familie von Dalberg um eine Wasserburg. Während des Pfälzischen Erbfolgekrieges wurde sie 1689 von den Franzosen zerstört. 1711 begann Wolfgang Eberhard von Dalberg mit dem Bau eines neuen Schlosses. Zur Gestaltung der Barockanlage wurde 1722 auch der Mannheimer Schloßbaumeister Jean Clemens Froimons herangezogen. Der bekannte kurpfälzische Rat und Mannheimer Theaterintendant Wolfgang Heribert von Dalberg ließ das Innere um 1790 gründlich renovieren. In den Wirren der Französischen Revolution wurde die Anlage kurz darauf jedoch geplündert und verwüstet. 1808 begann die erste Phase des Wiederaufbaus. Die neue Konzeption zeigte eine klassizistische Raumaufteilung; seine heutige Gestalt verdankt das Schloß dem Umbau von 1840-45. Herrnsheim gehört zu den wenigen Schlössern, die heute noch

---

Autohaus Hoffmann GmbH
BMW-Vertragshändler
HOCKENHEIM · Am Bahnhof · ☎ 06205/8061

den Eindruck eines im Empireteil erbauten Schlosses vermitteln. Seit 1958 ist die Stadt Worms Eigentümerin des Schlosses und des Englischen Gartens samt Orangerie.

Jetzige Verwendung: Museum sowie Repräsentationsräume der Stadt.

Besichtigung: Innenbesichtigung mit Führung nach telefonischer Voranmeldung möglich. Telefon (06241) 853505.

Veranstaltungen: Kammerkonzerte, Tagungen, Empfänge. Auskunft: Stadtverwaltung Worms, Hauptamt, Rathaus. 67547 Worms, Telefon (06241) 853316.

Lage: Worms-Herrnsheim, Herrnsheimer Hauptstraße.

Anfahrtswege: Bundesstraße 9 bis Worms-Herrnsheim; »Fahrweg« nach Herrnsheim hinein, 2. Straße rechts.

Wanderwege: »Wanderwege in Worms«, Hrsg. Grüner Kreis e.V. Worms. Zu beziehen bei Stadtinformation Worms.

Auskünfte: Stadtinformation Worms, Neumarkt 14, 67547 Worms, Telefon (06241) 853560.

Literatur: Irene Spielle, Schloß Herrnsheim in Worms. Reihe: Rheinische Kunststätten, Heft 336, Köln 1988. Zu beziehen bei Stadtinformation Worms.

Historische Ansicht von der Parkseite

Schloß Seehälde

Schloß Seehälde, auch Schloß Agnestal genannt, ist ein frühbarocker Einflügelbau mit zwei Ecktürmen. 1716 kaufte der Kurpfälzische Generalmajor Johann Hermann von Freudenberg den Hundheimer Eigenbesitz und ließ auf einem zu diesem gehörenden Hof im Agnestal ein Herrenhaus mit Wirtschaftsgebäuden errichten. Nachdem 1780 Karl Philipp von Venningen den Besitz erworben hatte, ließ er den Schloßbau vollenden. Er diente später als Herrschaftssitz.

Jetzige Verwendung: Wird zur Zeit renoviert; anschließend für eine öffentliche Nutzung vorgesehen.

Besichtigung: Nur Außenbesichtigung möglich.

Lage: Zuzenhausen, Horrenberger Str. 58.

Anfahrtswege: BAB 6 Stuttgart-Mannheim bis Sinsheim, dort auf die B 45, Richtung Neckargemünd bis Zuzenhausen. Oder: B 37 Burgenstraße bis Neckargemünd, dann B 45 bis Zuzenhausen. In Zuzenhausen; B 45 bis Einmündung der Horrenberger Straße.

Wanderwege: Der »Ortsplan mit Spazier- und Wanderwegen Zuzenhausen« kann kostenlos beim Bürgermeisteramt bezogen werden.

»Zauberhafte Bergstraße«
Ein Führer entlang der »Riviera Deutschlands«
mit vielen Farbfotos und ausführlichen Beschreibungen
der Städte und Gemeinden **DM 15,-**
K. F. Schimper-Verlag · 68723 Schwetzingen

Auskünfte: Bürgermeisteramt, Hauptstraße 25, 74939 Zuzenhausen, Telefon (06226) 1534, 1535.

Literatur: Zuzenhausen - Bild eines Dorfes. Ein Heimatbuch zur 1200-Jahrfeier, hrsgg. von der Gemeinde Zuzenhausen, Sinsheim 1978. Das Buch kann vom Bürgermeisteramt bezogen werden.

Burg Zuzenhausen

Burg Zuzenhausen wurde wahrscheinlich um 1250 über dem Dorf errichtet. In der ersten Urkunde von 1286 erscheint Heinrich von Herbortsheim (Herbolzheim) als vom Bistum Speyer Belehnter. Schon Ende des 13. Jahrhunderts wurde die Anlage an den Grafen Eberhard von Katzenelnbogen verkauft. Nachdem im 14. Jahrhundert Orts- und Burgherren häufig gewechselt hatten, gelang es den verschiedenen Linien der Familie von Venningen ab Ende des 14. Jahrhunderts, immer weitere Teile der Burg- und Ortsherrschaft in ihren Besitz zu bekommen. Mitte des 15. Jahrhunderts konnte Hans von Venningen innerhalb kurzer Zeit den größten Teil Zuzenhausens in seinen Besitz bringen und 1504 heißt es in einem Kurpfälzer Kopialbuch lapidar: »Zuzenhausen ist der Venninger«. Nach mehreren Aus- und Umbauten stellte die Burg Mitte des 16. Jahrhunderts einen schön gelegenen und ausreichenden Sitz der Venninger dar. Im Dreißigjährigen Krieg wurde die Anlage von den Bayern, die Ruine im Pfälzischen Erbfolgekrieg von den Franzosen zerstört. Die Einwohner Zuzenhausens erhielten nach Beendigung dieses Krieges die Erlaubnis, die Steine der Mantelmauer für den Wiederaufbau ihrer Häuser zu verwenden. Bis Anfang des 18. Jahrhunderts wurde Burg Zuzenhausen als Steinbruch benutzt.

Jetzige Verwendung: Privatbesitz.

Besichtigung: Da die Ruine in schlechtem Zustand ist, kann sie nicht betreten werden.

Lage: Zuzenhausen, Rechgasse.

Anfahrtswege: BAB 6 Stuttgart-Mannheim bis Sinsheim, dort auf die B 45, Richtung Neckargemünd bis Zuzenhausen. Oder: B 37 Burgenstraße bis Neckargemünd, dann B 45 bis Zuzenhausen. In Zuzenhausen: B 45 bis zur Einmündung der Hauptstraße; Hauptstraße bis Ende, dann rechts in die Rehgasse.

Wanderwege: Der »Ortsplan mit Spazier- und Wanderwegen« kann kostenlos vom Bürgermeisteramt bezogen werden.

Auskünfte: Bürgermeisteramt, Hauptstraße 25, 74939 Zuzenhausen, Telefon (06226) 1534, 1535.

Literatur: Zuzenhausen - Bild eines Dorfes. Ein Heimatbuch zur 1200-Jahrfeier, hrsgg. von der Gemeinde Zuzenhausen, Sinsheim 1978. Das Buch kann vom Bürgermeisteramt bezogen werden.

Innenansicht

Bruno Hain / Rudolf Lehr **Do sin mer dehääm**
Eine einzigartige Mundartsammlung aus dem kurpfälzer und rheinfränkischen Sprachraum. Über 60 Autoren, reich illustriert.

K. F. Schimper-Verlag · Schwetzingen **DM 24,-**

Burg Zwingenberg / Berstraße

Vermutlich noch vor dem 13. Jahrhundert erbaut. Um 1250 ließ Graf Diether von Katzenelnbogen die Wasserburg vergrößern und renovieren, doch schon 1301 wurde sie von Kaiser Albrecht I. im Verlauf einer Fehde zerstört. 1312 gab Graf Wilhelm die Anlage Kurmainz zu Lehen. Nach dem Aussterben der Katzenelnbogener Linie 1479 gelangte die Burg in den Besitz der Landgrafen von Hessen. 1580 läßt sich die letzte Reparatur nachweisen - die Burg zerfiel. 1600 wurde ein Teil des Wassergrabens zugeschüttet und überbaut. 1603 schenkte Landgraf Ludwig V. von Hessen das Wasserschloß den Bürgern. Um 1820 wurde der größte Teil der noch vorhandenen Burgmauern niedergerissen. Zwei der Ecktürme sind in ihren unteren Teilen noch erhalten, die südliche Burgmauer ist noch in doppelter Geschoßhöhe vorhanden.

Jetzige Verwendung: Private Nutzung.

Besichtigung: Jederzeit möglich.

Lage: In der Stadtmitte von Zwingenberg / Bergstraße.

Anfahrtswege: BAB 5 Frankfurt-Basel bis Abfahrt Zwingenberg oder B 3 nach Zwingenberg / Bergstraße. Stadtmitte, Marktplatz.

Wanderwege: Der »Stadt- und Wanderplan Stadt Zwingenberg / Bergstraße« ist beim Verkehrsamt Zwingenberg erhältlich.

Auskünfte: Verkehrsamt der Stadt Zwingenberg, Untergasse 16, 64673 Zwingenberg / Bergstraße, Telefon (06251) 700322.

Schloß Zwingenberg / Neckar

Guterhaltene spätmittelalterliche Burganlage. Die Anlage wurde in ihren wesentlichen Teilen im ersten Viertel des 15. Jahrhunderts unter den Herren von Hirschhorn errichtet. Einbezogen wurden der spätromanische Bergfried und die Schildmauer der Vorgängerburg, die 1364 gemeinsam von der Pfalz und dem Erzstift Mainz im Namen von Kaiser und Reich zerstört und aufgekauft wurde. Kurpfalz und Kurmainz belehnten die Herren von Hirschhorn mit der Burg. Sie verblieb über 200 Jahre im Besitz dieses Geschlechts und ging - nach dessen Aussterben und einem sich über lange Zeit erstreckenden Erbfolgestreit - an Kurpfalz über. Nach Auflösung der Kurpfalz erwarb Großherzog Karl Friedrich von Baden die Anlage - seither Familienbesitz.

Jetzige Verwendung: Private Nutzung.

Spendenkonto für Notruftelefone!

Björn Steiger Stiftung e.V.:
71364 Winnenden

Postgiro Stuttgart 24300-700

Zwingenberg (Neckar)

Besichtigung: 1. Mai - 30. Sept., dienstags, freitags, sonntags von 14-16.30 Uhr. Besichtigung ist nur mit Führung möglich. Dauer ca. 30 Min. Gruppenführungen nach Vereinbarung, auch außerhalb der allgemeinen Führungszeiten. Auskünfte: Markgräfl. Bad. Forstamt, 69439 Zwingenberg/Neckar, Telefon (06263) 211, Montag bis Freitag von 8-16 Uhr.

Veranstaltungen: Schloß-Festspiele. Freilichtaufführungen - überwiegend romantische Opern. Ende August / Anfang September. Auskünfte / Kartenbestellungen: Geschäftsstelle der Schloßfestspiele Zwingenberg, Landratsamt Neckar-Odenwald-Kreis, Renzstraße 10, 74821 Mosbach, Telefon (06261) 840.

Lage: Am Neckar zwischen Eberbach und Neckargerach

Anfahrtswege: B 37 Burgenstraße bis Zwingenberg. Parkplätze in Zwingenberg-Ortsmitte oder beim Bahnhof vorhanden. Fußweg zum Schloß ca. 15 Min.

Wanderwege: Vielfältige Wandermöglichkeiten. Zum Beispiel von Waldbrunn durch die Wolfsschlucht zum Schloß, Dauer ca. 2 Stunden, gutes Schuhwerk erforderlich. Wanderkarten, z. B. »Gemeinsame Wanderkarte Eberbach-Hirschhorn, Neckartal mit Hohem und Kleinem Odenwald«, K.-F. Harig-Verlag, Reinheim, sind bei den Verkehrsämtern erhältlich. Auskünfte: Naturpark Neckar-Odenwald e.V., Kellereistraße 16 - Kurzentrum - 69412 Eberbach, Telefon (06271) 4899.

Literatur: »Schloß Zwingenberg am Neckar«, Faltblatt mit Übersicht der Geschichte und Baulichkeiten. Das Informationsblatt kann bezogen werden vom Markgräfl. Bad. Forstamt, sowie während der Schloßbesichtigung.

Feste und Märkte an Rhein und Neckar

JÄHRLICH NEU

Feste und Märkte an Rhein und Neckar

In dem überaus beliebten Führer sind auf 200 Seiten über 700 Feste erfaßt, die in den Städten und Gemeinden Nordbadens, Südhessens und der Vorderen Pfalz von Januar bis Dezember stattfinden. Die übersichtliche Zusammenstellung gliedert die Orte in alphabetischer Reihenfolge mit Hinweisen auf Termine, Festplätze, Programme, Öffnungszeiten, Verkehrsanbindungen und Veranstalter.

Eine übersichtliche Zusammenstellung nach Orten und Terminen mit zahlreichen Hinweisen auf über 700 Feste, Festplätze, Programme, Öffnungszeiten, Parkplätze, Veranstalter, Verkehrsverbindungen usw.

K. F. SCHIMPER

DM 15,-

K. F. Schimper-Verlag
68723 Schwetzingen

Ortschaftsverzeichnis

	Ortschaften n. Planquadraten	Burgen + Schlösser	Quadrat
1	Altleiningen	Burg Altleiningen	A 2
2	Amorbach	Burg Wildenberg	C 1
3	Angelbachtal	Schloß Eichtersheim	B 3
		Schloß Michelfeld	
4	Annweiler/Trifels	Burg Anebos	A 2
		Burg Neuscharfeneck	
		Burg Ramberg	
		Burg Scharfenberg	
		Burg Trifels	
5	Bad Bergzabern	Schloß Bergzabern	A 3
		Guttenburg	
		Burg Landeck	
		Burg Lindelbrunn	
		Waldschlössel	
6	Bad Dürkheim	Hardenburg	B 2
		Kloster Limburg	
		Burg Schloßeck	
7	Battenberg	Burg Battenberg	A 2
8	Bensheim	Schloß Auerbach	B 1
		Fürstenlager	
		Schloß Schönberg	
9	Biblis	Burg Stein	B 1
10	Binau	Burg Dauchstein	C 2
11	Birkenau	Schloß Birkenau	B 1
12	Buchen	Schloß Bödigheim	C 1
		Schloß Eberstadt	
		Götzenturm	
		Hainstadter Schloß	
		Steinerner Bau	
13	Dallau	Schloß Dallau	C 2
14	Deidesheim	Schloß Deidesheim	A 2
15	Dörrenbach	Dörrenbacher Kirchberg	A 3
16	Dossenheim	Schauenburg	B 2

Ortschaften n. Planquadraten	Burgen + Schlösser	Quadrat
17 Eberbach	Burg Eberbach Burg Stolzeneck	C 2
18 Edenkoben	Frankenburg Schloß Ludwigshöhe Burg Meistersel Rietburg	B 2
19 Edingen-Neckarhausen	Schloß Neckarhausen	B 2
20 Eschbach	Madenburg	A 3
21 Freinsheim	Stadtbefestigung	B 2
22 Fußgönheim	Schloß Fußgönheim	B 2
23 Germersheim	Festung Germersheim	B 3
24 Grünstadt	Leininger Oberhof Leininger Unterhof Burg Neuleiningen	B 2
25 Hardheim	Hardheimer Burg Hardheimer Schloß Burg Schweinberg	C 2
26 Haßmersheim	Burg Guttenberg Schloß Hochhausen	C 2
27 Heidelberg	Heidelberger Schloß Tiefburg Handschuhsheim	B 2
28 Hemsbach	Hemsbacher Schloß Hemsbacher Burg	B 1
29 Heppenheim	Heppenheimer Stadtschloß Kurmainzer Amtshof Starkenburg	B 1
30 Herxheim	Villa Wieser	B 3
31 Heßheim	Schloß Kleinniedesheim	B 2
32 Hirschberg	Schloß Wieser Hirschburg	B 2
33 Hirschhorn	Schloß Hirschhorn	C 2
34 Ilvesheim	Schloß Ilvesheim	B 2

Ortschaftsverzeichnis

Ortschaften n. Planquadraten	Burgen + Schlösser	Quadrat
35 Ladenburg	Bischofshof	B 2
36 Lambrecht	Burg Elmstein Burg Erfenstein Burg Neidenfels	A 2
37 Lambsheim	Lambsheimer Schloß	B 2
38 Lampertheim	Neuschloß Schloß Rennhof	B 1
39 Landau	Festung Landau	B 3
40 Langenzell	Schloß Langenzell	C 3
41 Leimen	Palais Seligmann	C 3
42 Lindenfels	Burg Lindenfels	C 1
43 Lohrbach	Schloß	C 2
44 Lorsch	Kloster Lorsch	C 1
45 Maikammer	Schlößchen St. Martin Kropsburg	B 2
46 Mannheim	Palais Bretzenheim Mannheimer Schloß Schloß Seckenheim	B 2
47 Mauer	Schloß Sorgenfrei	C 3
48 Mosbach	Pfalzgrafenresidenz	C 2
49 Mudau-Mörschenhardt	Schloß Waldleiningen	C 2
50 Mühlhausen	Schloß Tairnbach	C 3
51 Neckarbischofsheim	Alexanderschloß Altes Schloß Neues Schloß	C 3
52 Neckargemünd	Burg Dilsberg Burg Reichenstein	C 2
53 Neckargerach	Minneburg	C 2
54 Neckarsteinach	Hinterburg Mittelburg Burg Schadeck »Schwalbennest« Vorderburg	C 2

Ortschaften n. Planquadraten	Burgen + Schlösser	Quadrat
55 Neckarzimmern	Burg Hornberg	C 2
56 Neidenstein	Burg Neidenstein	C 3
57 Neustadt	Hambacher Schloß Burg Spangenberg Burg Winzingen (Haardter Schloß) Wolfsburg	B 2
58 Obrigheim	Schloß Neuburg	C 2
59 Rauenberg	Schloß Rotenberg	C 3
60 Ravenstein	Schloß Merchingen	C 2
61 Rippberg (Walldürn)	Schloß Rippberg	C 1
62 Schriesheim	Strahlenburg	B 2
63 Schwarzach	Burg Schwarzach	C 2
64 Schwetzingen	Schloß Schwetzingen	B 2
65 Sinsheim	Schloß Neuhaus Burg Steinsberg Burg Waldangelloch	C 3
66 Wachenheim	Wachtenburg	A 2
67 Walldürn	Burg Walldürn	C 1
68 Weinheim	Schloß Weinheim Wachenburg Burg Windeck	B 2
69 Wiesloch	Burg Hohenhardt Schloß Schatthausen Wieslocher Freihof	B 3
70 Worms	Schloß Herrnsheim	B 1
71 Zuzenhausen	Schloß Seehälde Burg Zuzenhausen	C 3
72 Zwingenberg/Bergstraße	Burg Zwingenberg	B 1
73 Zwingenberg/Neckar	Schloß Zwingenberg	C 2

Übersichtskarte Rhein-Neckar-Dreieck 104

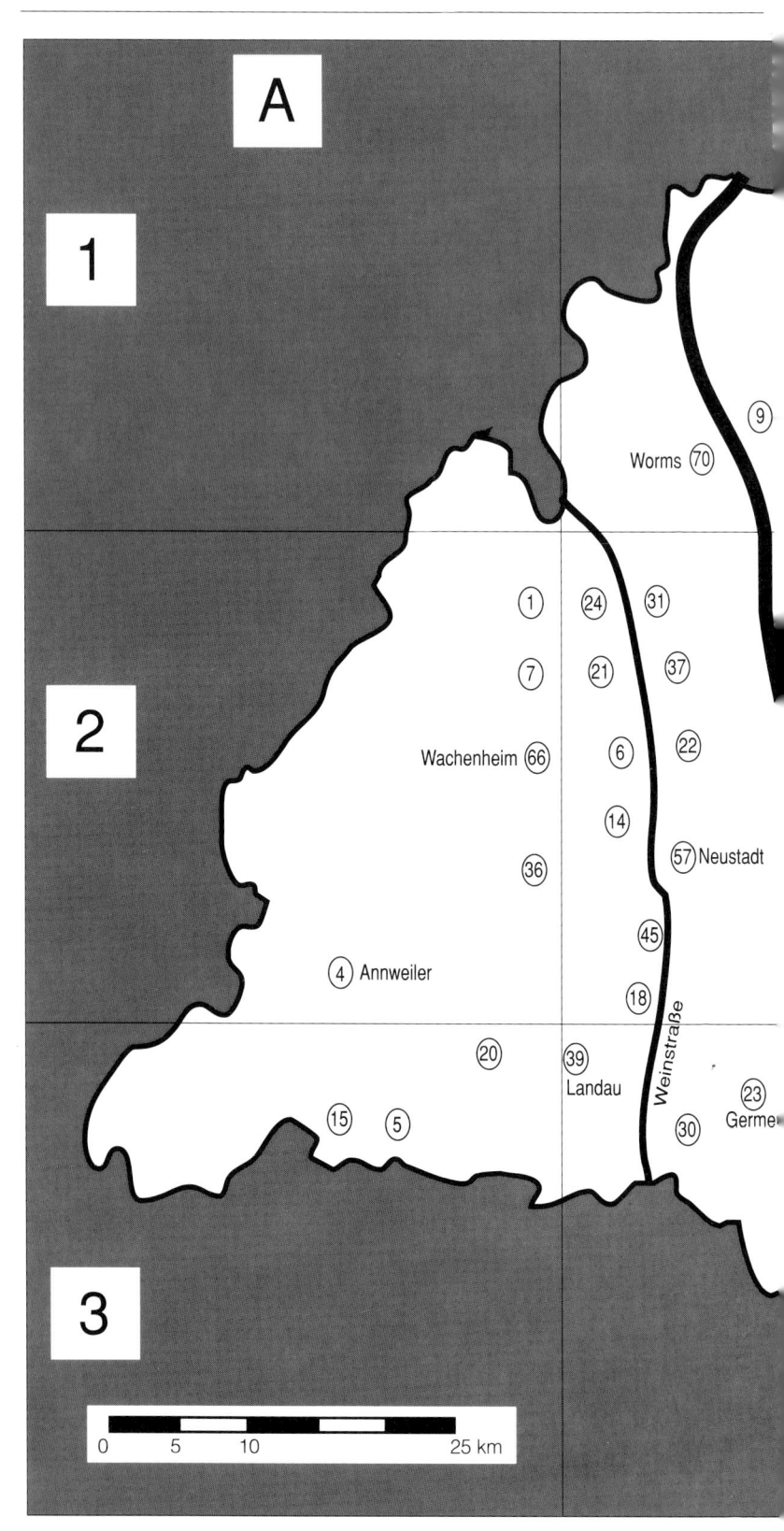

A

1

2

Worms ⑦⓪ ⑨

① ㉔ ㉛
⑦ ㉑ ㊲
Wachenheim ㊅㊅   ⑥ ㉒
㉔
⑭
㊗ Neustadt
㊱
㊺
④ Annweiler
⑱

Weinstraße

⑳ ㊴ Landau   ㉓ Germe
⑮ ⑤   ㉚

3

0 5 10   25 km

Übersichtskarte Rhein-Neckar-Dreieck

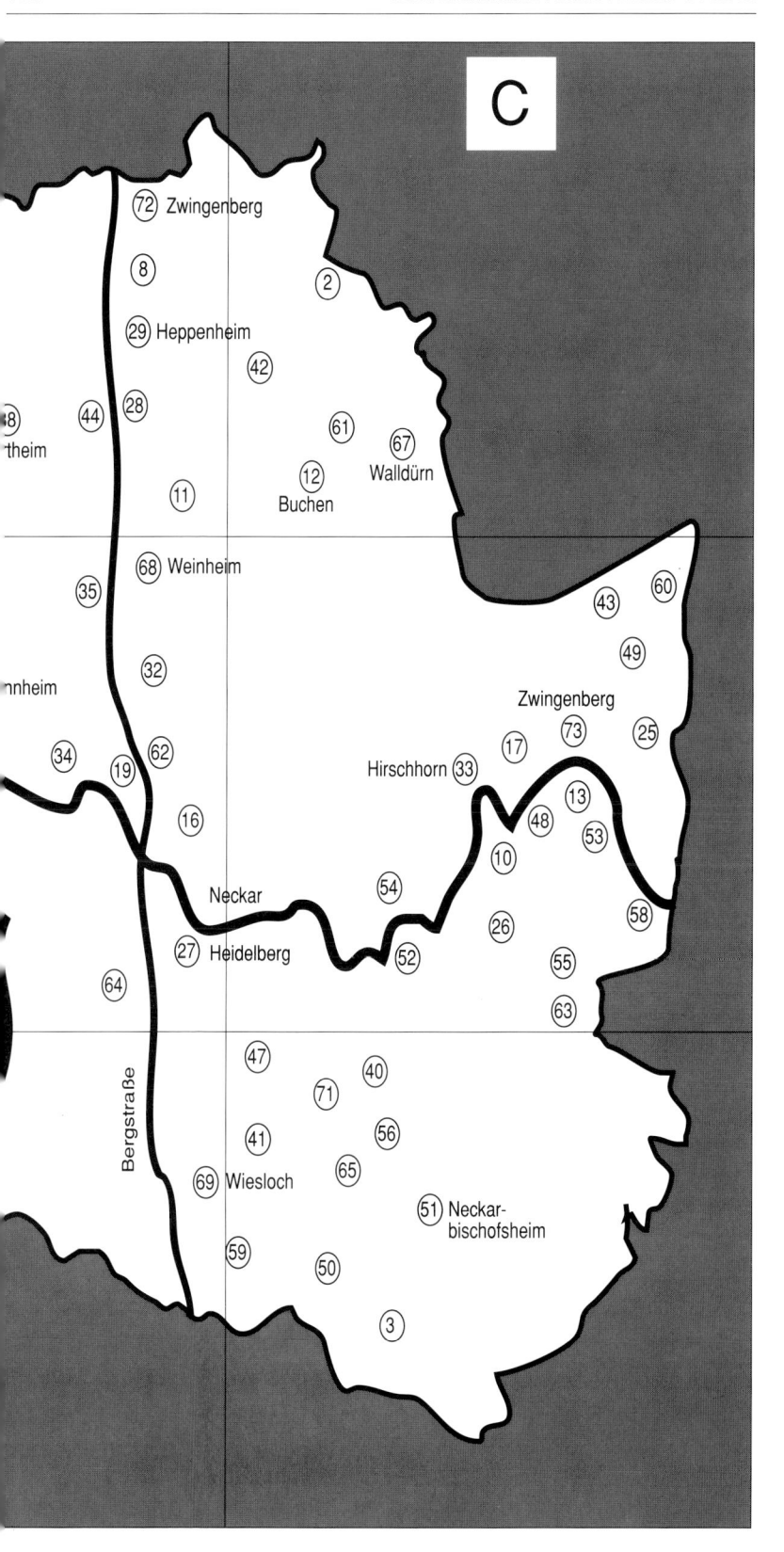

C

- ⑦² Zwingenberg
- ⑧
- ②
- ㉙ Heppenheim
- ㊷
- ㊹ ㉘
- theim
- ⑥¹ ⑥⁷ Walldürn
- ⑪ ⑫ Buchen
- ㉟ ㊳ Weinheim
- nheim
- ㉜
- ㉞ ⑲ ㊅²
- ㊸ ⑥⁰
- ㊾
- Zwingenberg
- ⑰ ⑦³ ㉕
- Hirschhorn ㉝
- ⑯ ⑬
- ㊽ ㊼³
- ⑩
- Neckar ㊄
- ㉖ ㊽⁸
- ㉗ Heidelberg ㊇²
- ㊄⁵
- ㊄
- ⑥³
- ㊹⁷ ㊵
- ⑦¹ ㊄⁶
- ㊶ ㊅⁵
- ㊆⁹ Wiesloch
- ㊄¹ Neckar-bischofsheim
- ㊄⁹ ㊄⁰
- ③

Bergstraße

Feierabend? Wochenende?
Bei uns kein Problem!

Mit insgesamt 8 Geldautomaten sorgen wir rund um die Uhr dafür, daß Ihnen nie das Geld ausgeht.

Ihr Partner...
BEZIRKSSPARKASSE SCHWETZINGEN
Ein Unternehmen der S-Finanzgruppe

Zum Grünen Baum

Der Treffpunkt am Schloßplatz

Ein uriges Restaurant mit
Nebenzimmer
für Festlichkeiten sowie
Biergarten zur Sommerzeit

Weinfäß'l

Weinstube-Restaurant

Unsere Spezialität:
Fondues und
original
Schweizer Raclette

Es freut sich auf Ihren Besuch:
Uwe Schweitzer

Carl-Theodor-Straße 2 · Schloßplatz · 68723 Schwetzingen
Telefon (06202) 4362

Schwetzinger Mozartfest

20. 9. 1997 - 5. 10. 1997

Schwetzinger Schloßkonzerte

Oktober - März

Künstlerische Leitung: Werner Boll

MOZARTGESELLSCHAFT SCHWETZINGEN

Programme und Karten:
Verkehrsverein, Schloßplatz, »Palais Hirsch«,
68723 Schwetzingen, Tel. 06202/4933

Kultur von internationalem Rang, Gastronomie mit Tradition, ideal für Veranstaltungen und Konferenzen:

Schwetzingen, Perle der Kurpfalz

Schwetzingen, ehemals kurfürstliche Residenz im Rhein-Neckar-Dreieck zwischen Mannheim und Heidelberg, lebendige Kulturstadt mit vielen interessanten Gesichtern. Die größte und schönste Schloßgartenanlage Deutschlands, Schwetzinger Festspiele, Schwetzinger Mozarttage, das Rokoko-Theater, eine weithin bekannte und renommierte Gastronomie... Markenzeichen einer Stadt mit südländischem Charme, Herz und Atmosphäre. Herzlich willkommen in Schwetzingen!

STAATLICHE SCHLÖSSER UND GÄRTEN | HOTEL ZUM Erbprinzen Romantik-Hotel und Restaurant | Löwe HOTEL & RESTAURANT Hotel und Restaurant | HOTEL AM Adler Post | Gasthof AM THEATER | SCHWETZINGER VERKEHRSVEREIN: 0 6 20 2 / 49 33

Ich bin dabei!
WEINHEIMER KULTUR SOMMER

Juli und August 1997

Konzerte, Kleinkunst, Theater, Ausstellungen, Familienprogramme u.v.m.

BURGRUINE WINDECK

Burgschänke
- hist. Gaststätte
- regionale Gerichte
- Kaffee und Kuchen
- Eisspezialitäten
- Vesper

Biergarten
- herrliche Aussicht
- frisch Gezapftes
- frisch Gegrilltes

Veranstaltungen
- Feiern aller Art
- Burgschänke - 70 Pers.
- Burghof 2 Ebenen jeweils ca. 120 Pers.

Telefon + Fax 06201/12481

Wandern ohne Gepäck

Fürth
Birkenau
Grasellenbach
Heppenheim
Wald-Michelbach

Immer beliebter wird als Urlaubsziel für Familien und Wanderer der Odenwald. Die natürliche Schönheit der vielfältigen Landschaft, das angenehm milde Klima und gut markierte Wanderwege machen die Region zum idealen Wander- und Urlaubsgebiet.

Wanderer nutzen immer mehr "Wandern ohne Gepäck". Die Gemeinden Fürth, Birkenau, Grasellenbach und Wald-Michelbach bieten gemeinsam mit der Stadt Heppenheim erfolgreich "Wandern ohne Gepäck" im Naturpark Bergstraße-Odenwald an.

Um die Wanderungen uneingeschränkt genießen zu können, wird Ihr Gepäck von Ort zu Ort, von Haus zu Haus befördert. Das Wandern im Naturpark Bergstraße-Odenwald ist besonders angenehm, weil weite Wälder mit grünen Tälern abwechseln. Den Wanderern bietet sich von sanften Höhen aus ein reizvoller Blick in anmutige, hügelige Landschaft und weite Horizonte.

Information:
Verkehrsamt Wald-Michelbach · In der Gass 17
69483 Wald-Michelbach · Telefon 06207/9470

Dieses Dreieck...

Hessen
Mannheim
Ludwigshafen
Pfalz
Heidelberg
Baden

ist der Lebensraum von 1,8 Millionen Menschen zwischen Wein- und Bergstraße, Pfälzer Wald und Odenwald.
125 Burgen und Schlösser, 124 Museen und täglich ein vielseitiges, zeitgemäßes Kulturangebot in den großstädtischen Zentren, traditionsreichen Städten und gepflegten Dörfern. Auch die 500 Feste jährlich zeigen die Lebensfreude, Offenheit und Gastlichkeit einer Region, für die "gestern, heute, morgen" Lebensorientierung ist.

Wollen Sie mehr wissen?
Arbeitskreis Rhein-Neckar-Dreieck e.V., P 7, 20 - 21, 68161 Mannheim.
Tel.: 0621/10 30 84/85 • Fax: 0621/10 30 86

Rhein-Neckar-Dreieck
Baden/Hessen/Pfalz

Radio Sunshine

Für Rhein, Neckar und Odenwald!

UKW 106,1

UKW 102,1

UKW 107,7

Bücher aus der Region

Mundart

Rudolf Lehr
KURPFÄLZER ANEKDOTEN - 5. Neuauflage   DM 24,00

Bruno Hain / Rudolf Lehr
PÄLZISCH VUN HIWWE UN DRIWWE Band I und II   je DM 24,00

Bruno Hain / Rudolf Lehr
DO SIN MER DEHÄÄM   DM 24,00

Willi Bartholomä
SO SIN HALT DIE PÄLZER   DM 21,00

Johann Peter Hebel
KALENDERGESCHICHTEN   DM 24,00

Bildbände

Karl Wörn
SCHWETZINGEN   DM 38,00

ASTORSTADT WALLDORF   DM 33,00

HOCKENHEIM - Eine Stadt zeigt Profil   DM 33,00

Stolz der Kurpfalz - **SCHWETZINGER SPARGEL**   DM 28,00

ZEITRAFFER - 25 Jahre Motodrom Hockenheim   DM 25,00

Dr. Kurt Buchter
Hockenheim in Raum und Zeit   DM 35,00

Regionalia

Die Badische Spargelstraße   DM 15,00

MUSEUMSFÜHRER Rhein-Neckar-Kreis   DM 15,00

MUSEUMSFÜHRER Südhessen / Vordere Pfalz   DM 15,00

BURGEN UND SCHLÖSSER im Rhein-Neckar-Dreieck   DM 15,00

SCHLOSS SCHWETZINGEN
Ein Führer durch die Innenräume   DM 8,50

SCHLOSS MANNHEIM
Ein Führer durch die Innenräume   DM 7,90

SCHWETZINGER SCHLOSSGARTEN
Ein Führer durch die Gartenanlagen   DM 8,00

ROKOKOTHEATER SCHLOSS SCHWETZINGEN   DM 12,00

ZAUBER DES WASSERS
Ein Führer zu den Wasserspielen
im Schwetzinger Schloßgarten   DM 15,00

K. F. SCHIMPER-Verlag
68723 Schwetzingen · SVD Pressehaus · Scheffelstraße 55